Mein Weg aus dem Dunkel

Helen Keller

MEIN WEG AUS DEM DUNKEL

Blind und gehörlos – das Leben einer mutigen Frau, die ihre Behinderung besiegte

Scherz

1. Auflage der Sonderausgabe 1997.
Einzig berechtigte Übersetzung aus dem Amerikanischen
von Werner DeHaas.
Die Originalausgabe erschien unter dem Titel
«The Story of My Life» bei Doubleday, New York

Inhalt

Einführung

Noch während ihrer Collegezeit hatte Helen Keller auf das Drängen ihrer Freundinnen hin angefangen, Geschichten aus ihrem Leben aufzuschreiben. Die «Geschichte meines Lebens» erschien 1902, als Helen gerade 22 Jahre alt war, erstmals als Buch und wurde zusammen mit «Kim» von Rudyard Kipling zum «Buch des Jahres» erkoren. Sie umfaßt ihre eigene Schilderung der ersten Abschnitte ihres Lebens und eine Auswahl aus ihren Briefen sowie der Briefe und Aufzeichnungen Anne Sullivans über Helens Entwicklung.

Als Anne Sullivan im März 1887 als Betreuerin und Lehrerin zu ihr kam, war Helen ein Mädchen von nicht ganz sieben Jahren, zärtlich geliebt von ihren Eltern, doch hilflos und abhängig. Ihre Entwicklung aus solchen Verhältnissen zu einer Persönlichkeit voll Selbstvertrauen und Fähigkeiten, der die Tore zur Entdeckung der Welt, zu Studium und menschlichen Beziehungen offenstanden, wurde auf eine verhältnismäßig kurze Zeitspanne zusammengedrängt. Über ihr Werden zu lesen, ist wie der mit dem Zeitraffer gefilmten Entfaltung einer Blüte zu folgen.

Kaum weniger bemerkenswert als die Schülerin war ihre Lehrerin. Anne Sullivan war als Kind bettelarmer irischer

Einwanderer im Armenhaus aufgewachsen und hatte ihre Jugend unter Krüppeln und Prostituierten verbracht. Da sie an einer Augenkrankheit litt, wurde sie auf eine Blindenschule geschickt; sie gewann ihre Sehfähigkeit nie wieder ganz zurück. Kurz bevor sie zu den Kellers kam, absolvierte sie am Perkins-Blindeninstitut in Boston, das auf dem Gebiet des Blindenunterrichts eine Pionierrolle einnahm, ihren Schulabschluß. So brachte sie zu ihrer Lehrtätigkeit sowohl die Erfahrung am eigenen Leib mit als auch fortschrittliche Ausbildungsmethoden, die sie dem Wesen ihrer Schülerin anpaßte. Ihre Aufgabe erfüllte sie in einem Maß, daß alles andere in den Hintergrund trat. Sie hatte in Helen ihre Lebensaufgabe gefunden.

Disziplin war das erste, das Anne Sullivan «Little Bronco», wie Helen damals wegen ihres Ungestüms genannt wurde, beibringen mußte. Das setzte voraus, daß die unberechenbaren und eigensinnigen Launen des Mädchens mit fester Hand gezügelt wurden. Dann konnte sie darangehen, Helen in das Fingeralphabet einzuführen, anhand von Gegenständen, die durch Betasten, Bewegungen und Gesten identifiziert werden konnten. Gleichzeitig lernte das kleine Mädchen, dieselben Zeichen mit den eigenen Fingern zu machen, bald darauf auch zu schreiben, und drei Jahre später lernte sie sprechen, und zwar nicht nur englisch, sondern auch französisch und deutsch.

Einen ersten großen Triumph erlebte Helen Keller, als sie 1904 am Radcliffe College in Cambridge «cum laude» abschloß: nicht nur eine außergewöhnliche Leistung für eine Taubblinde, sondern auch für eine Frau ihrer Zeit.

Helen Keller widmete ihr Leben der Förderung von Blinden und anderen Behinderten, begab sich auf zahllose Vortragsreisen durch die ganze Welt, klärte auf, beschaffte

Geldmittel. Sie unterstützte außerdem die Suffragettenbewegung in Großbritannien und setzte sich für die Gleichberechtigung der Geschlechter und der Rassen ein. Sie war eine überzeugte Sozialistin und Pazifistin und eine Anhängerin des schwedischen Mystikers Emanuel Swedenborg. Neben ihrem sozialen und politischen Engagement verfolgte sie ihr ganzes Leben lang ihre Karriere als Schriftstellerin. Sie zählte viele Berühmtheiten ihrer Zeit zu ihren persönlichen Freunden: Mark Twain, George Bernard Shaw, Thomas A. Edison, Alexander Graham Bell, Maria Montessori u. v. a. 1955 erhielt sie als erste Frau überhaupt (zeitgleich mit Konrad Adenauer) die Ehrendoktorwürde der Harvard-Universität.

In den sechziger Jahren, als nach und nach alle ihre Freunde, Betreuer und Gönner starben – Anne Sullivan war 1936, nach mehr als 50jähriger Partnerschaft mit Helen Keller, verstorben –, zog sie sich aus der Öffentlichkeit zurück. Am 1. Juni 1968 schloß Helen Keller ihre Augen, die nicht sehen konnten und doch sahen, für immer.

Helen Kellers Sprache mag manchen heute, 100 Jahre später, etwas pathetisch oder auch aufgesetzt klingen. Aber man darf nicht vergessen, daß Helen nie wie wir sprechen gelernt hatte, sondern einen Großteil ihres Wissens aus Büchern bezog, die sie heiß und innig liebte.

1. Teil

Geschichte meines Lebens

I

Nur mit Zögern beginne ich die Geschichte meines Lebens zu schreiben. Ich empfinde eine Art abergläubischer Furcht davor, den Schleier zu lüften, der wie ein goldener Nebel über meiner Kindheit liegt. Die Aufgabe, eine Autobiographie zu verfassen, gehört zu den schwierigsten, die man sich stellen kann. Beim Ordnen meiner ersten Eindrücke wird mir bewußt, daß Wahres und Erfundenes, über die Jahre weg betrachtet, die die Vergangenheit mit der Gegenwart verknüpften, sich zum Verwechseln ähnlich sehen. Als Frau schildere ich die Erfahrungen des Kindes, wie sich diese in ihrer eigenen Phantasie darstellen. Ein paar Eindrücke aus meinen ersten Lebensjahren stehen lebendig vor mir, doch «alles andere deckt der Kerkerschatten». Auch haben viele der Freuden und Leiden der Kindheit an Intensität verloren, und zahlreiche Ereignisse, die bei Beginn meiner Erziehung von entscheidender Bedeutung gewesen sind, habe ich in der Erregung über meine weiteren Fortschritte vergessen. Ich will daher in einer Reihe von Skizzen nur die Episoden zu schildern versuchen, die mir am interessantesten und wichtigsten erscheinen.

Ich wurde am 27. Juni 1880 in Tuscumbia, einer kleinen Stadt im nördlichen Alabama, geboren.

Die Familie meines Vaters stammt von Kaspar Keller ab, einem geborenen Schweizer, der sich in Maryland niedergelassen hatte. Einer meiner Schweizer Vorfahren war der erste Lehrer für Gehörlose in Zürich und hat ein Buch über deren Ausbildung geschrieben – gewiß ein seltsames Zusammentreffen.

Mein Vater, Arthur H. Keller, war Hauptmann in der konföderierten Armee gewesen; meine Mutter, Kate Adams, war seine zweite Frau und einige Jahre jünger als er.

Bis zum Ausbruch meiner Krankheit, die mich für immer des Augenlichts und des Gehörs berauben sollte, lebte ich in einem kleinen Haus, das aus einem großen, viereckigen Zimmer und einem kleineren bestand, in dem das Dienstmädchen schlief. Im Süden pflegte man in der Nähe des Wohnhauses ein kleines Gebäude zu bauen, das bei Gelegenheit benutzt wurde. Ein solches Häuschen errichtete auch mein Vater nach dem Bürgerkrieg und bezog es, nachdem er meine Mutter geheiratet hatte. Es war über und über mit Reben, Kletterrosen und Geißblatt bewachsen. Vom Garten aus machte es ganz den Eindruck einer Laube. Der Eingang lag hinter einer Hecke von gelben Rosen und Stechwinden verborgen, die ständig von Kolibris und Bienen umschwirrt wurden.

Das Familienwohnhaus lag wenige Schritte von unserer kleinen Rosenlaube entfernt. Es wurde «Ivy Green» genannt, weil das Haus, die Bäume und Zäune, die es umgaben, vom schönsten Efeu umrankt waren. Der dazugehörige altmodische Garten war das Paradies meiner Kindheit.

Schon vor der Ankunft meiner Lehrerin pflegte ich mich an den steifen, viereckigen Buchsbaumhecken entlangzutasten und fand, durch den Geruch geleitet, die ersten Veilchen und Lilien. Hierher flüchtete ich mich auch nach einem Wutausbruch und verbarg mein heißes Gesicht in den kühlen Blättern und Gräsern. Was für eine Freude war es, mich in diesem blumenübersäten Garten zu verlieren, selig von einem Fleck zum anderen zu wandern, bis ich endlich auf einen herrlichen Weinstock stieß, den ich an seinen Blättern und Blüten erkannte und der am verfallenen Sommerhaus am anderen Ende des Gartens emporkletterte! Dort wuchsen auch Waldrebe, Jasmin und einige seltene, stark duftende Blumen, Schmetterlingslilien genannt, weil ihre zarten Blütenblätter Schmetterlingsflügeln gleichen. Meine bevorzugten Lieblinge aber waren die Rosen. Nie habe ich in den Treibhäusern des Nordens solche Rosen gefunden wie die Kletterrosen meines väterlichen Gartens im Süden. Sie hingen in langen Girlanden um unsere Veranda und erfüllten die ganze Luft mit ihrem Wohlgeruch, der nichts Irdisches an sich hatte. In der Frühe fühlten sie sich, vom Tau gebadet, so frisch, so rein an, daß ich mich oft staunend fragte, ob sie nicht den Asphodelusblüten im Garten Gottes glichen.

Schon als Baby soll ich häufig durch meinen heftigen, eigenwilligen Charakter aufgefallen sein. Alles, was ich andere tun sah, wollte ich durchaus auch tun. Im Alter von sechs Monaten konnte ich «how d'ye» (how do you do) piepsen und eines Tages zog ich die allgemeine Aufmerksamkeit auf mich, als ich ganz deutlich «Tea, tea, tea!» sagte. Selbst nach meiner Krankheit erinnerte ich mich noch an eines der Wörter, die ich in diesen ersten sechs Monaten gelernt hatte. Es war das Wort «water», und ich fuhr fort, einen Laut für dieses Wort hervorzubringen, selbst nachdem ich die ganze übrige Sprache verloren hatte.

Ich hörte erst auf, den Laut «wah – wah» auszustoßen, als ich das Wort buchstabieren gelernt hatte.

Im Alter von einem Jahr konnte ich gehen. Meine Mutter hatte mich gerade aus der Badewanne gehoben und hielt mich auf ihrem Schoß, als ich plötzlich durch die hin und her huschenden Schatten, die das Laub der Bäume auf den von der Sonne beschienenen, glatten Boden warf, gefesselt wurde. Ich schlüpfte vom Schoß meiner Mutter und lief auf die Schatten zu.

Diese glücklichen Tage dauerten nicht lange. Ein kurzer Frühling voll jubelnden Vogelgesangs, ein Sommer reich an Früchten und Rosen, ein in roten und goldenen Farben glühender Herbst kamen und gingen und legten ihre Gaben dem munteren, entzückten Kind zu Füßen. Dann, im darauffolgenden traurigen Februar, kam die Krankheit, die mir Auge und Ohr schloß und mich in die Unbewußtheit eines neugeborenen Kindes zurückversetzte. Es war eine akute Unterleibs- und Gehirnentzündung. Der Arzt hatte mich schon aufgegeben. Aber eines Morgens verließ mich das Fieber auf ebenso plötzliche und rätselhafte Weise, wie es ausgebrochen war. Es herrschte an jenem Morgen große Freude in der Familie, allein niemand, selbst der Arzt nicht, ahnte, daß ich nie wieder sehen und hören sollte.

Ich glaube, ich habe noch verworrene Erinnerungen an diese Krankheit. Ich erinnere mich an die Zärtlichkeit, mit der mich meine Mutter in meinen wachen, qualvollen Stunden umgab, und an die entsetzliche Angst, mit der ich nach unruhigem Schlaf erwachte und meine brennenden, trokkenen Augen zur Wand kehrte, weg von dem einst so geliebten Licht, das von Tag zu Tag trüber und matter zu mir drang. Abgesehen von diesen vagen Erinnerungen erscheint mir alles unwirklich wie ein Alptraum. Nach und nach gewöhnte ich mich an die mich umgebende Stille und Dunkelheit und vergaß, daß es jemals anders gewesen war – bis *sie* kam, meine Lehrerin, die meinen Geist befreite. Aber während der ersten neunzehn Monate meines Lebens hatte ich einen Schimmer von breiten grünen Feldern, von strahlendem Himmel, von Bäumen und Blumen erhascht, den die nachfolgende Dunkelheit nicht ganz auslöschen konnte. Haben wir einmal gesehen, so «ist der Tag und was der Tag gezeigt hat unser».

2

Ich kann mich nicht entsinnen, was in den ersten Monaten nach meiner Krankheit geschah. Ich weiß nur, daß ich auf dem Schoß meiner Mutter saß oder mich an ihr Kleid klammerte, wenn sie umherging und den Haushalt besorgte. Meine Hände befühlten alles und verfolgten jede Bewegung, so daß ich auf diese Weise mancherlei kennenlernte. Bald fühlte ich das Bedürfnis, mich mit meiner Umgebung zu verständigen, und begann, einfache Zeichen zu machen. Ein Kopfschütteln bedeutete «nein», ein Nicken «ja», ein Heranziehen «komm» und ein Fortstoßen «geh». Wollte ich Brot haben, so ahmte ich die Bewegung des Schneidens und Butterstreichens nach. Wünschte ich, daß meine Mutter zu Mittag Eiscreme bereite, so machte ich eine Bewegung, die dem Drehen der Eismaschine entsprach, und schauerte zusammen, als ob ich friere. Auch meiner Mutter gelang es meist, sich mir verständlich zu machen. Ich wußte stets, wann ich ihr etwas bringen sollte, und lief dann die Treppe hinauf oder an einen Ort, den sie mir bezeichnet hatte. In der Tat verdanke ich ihrer Liebe und Klugheit alles, was meine lange Nacht erhellte und erheiterte.

Ich begriff einen großen Teil dessen, was um mich herum vorging. Mit fünf Jahren lernte ich die saubere Wäsche, wenn sie aus dem Waschhaus kam, zusammenlegen und wegräumen, und unterschied die meinige von der übrigen. Ich erkannte aus der Art und Weise, wie meine Mutter und meine Tante gekleidet waren, ob sie ausgehen wollten, und bettelte regelmäßig, mitgehen zu dürfen.

Ich war stets dabei, wenn Besuch da war, und wenn die Gäste sich verabschiedeten, winkte ich ihnen mit der Hand nach, wie ich glaube, mit einer unbestimmten Erinnerung an die Bedeutung dieser Bewegung. Eines Tages sprachen einige Herren bei meiner Mutter vor, und ich erriet das Schließen der Haustür und andere Geräusche, die ihre Ankunft ankündigten. Schnell entschlossen lief ich die Treppe hinauf, um mich nach meinen Begriffen für die Gesellschaft herauszuputzen. Ich stellte mich vor den Spiegel, wie ich es bei anderen wahrgenommen hatte, feuchtete mein Haar mit Öl an und bedeckte mein Gesicht dick mit Puder. Dann legte ich einen Schleier über den Kopf, der mein Gesicht bedeckte und mir in Falten um die Schulter fiel, band eine riesige Schleife um meine schmale Taille, so daß sie hinter mir herflatterte und beinahe bis zum Saum des Kleides reichte. In diesem Aufzug erschien ich, um zur Unterhaltung der Gesellschaft beizutragen.

Ich entsinne mich nicht genau, wann ich zuerst erkannte, daß ich mich von anderen unterschied; ich weiß jedoch, daß es vor der Ankunft meiner Lehrerin geschah. Ich hatte bemerkt, daß meine Mutter und meine Bekannten keine Zeichen machten, wie ich es tat, wenn sie etwas getan haben wollten, sondern mittels ihres Mundes sprachen. Bisweilen stand ich zwischen zwei Personen, die sich miteinander unterhielten, und berührte ihre Lippen. Ich konnte nichts verstehen und war ganz verwirrt. Ich bewegte meine Lippen und gestikulierte heftig – natürlich ohne Erfolg. Dies machte mich zuweilen so wütend, daß ich mit den Füßen stampfte und schrie, bis ich erschöpft war.

Ich glaube, ich wußte, wenn ich unartig war, denn ich wußte, daß es Ella, meiner Pflegerin, weh tat, wenn ich mit den Füßen nach ihr stieß, und wenn mein Wutanfall vorüber war, empfand ich etwas wie Reue. Aber ich kann mich nicht erinnern, daß dieses Gefühl mich vor der Wiederholung meiner wilden Ausbrüche bewahrt hätte, wenn ich nicht gleich bekam, was ich wollte.

Zu jener Zeit waren ein kleines farbiges Mädchen, Martha Washington, die Tochter unserer Köchin, und ein alter Jagdhund meine Spielgefährten. Martha verstand alle meine Zeichen, und ich hatte selten Schwierigkeiten, ihr begreiflich zu machen, was ich wünschte. Es war mir ein Vergnügen, sie herumzukommandieren, und sie unterwarf sich in der Regel lieber meiner Tyrannei, als daß sie es auf einen handfesten Streit hätte ankommen lassen. Ich war stark, energisch und scherte mich nicht um die Folgen meines Verhaltens. Ich wußte sehr wohl, was ich wollte, und folgte stets nur meinem eigenen Kopf, selbst wenn ich verbissen darum kämpfen mußte. Einen großen Teil unserer Zeit verbrachten wir in der Küche, wo wir Klöße kneteten, Eiscreme machen halfen, Kaffee mahlten, uns um die Keksdose zankten und die Hühner und Truthähne fütterten, die sich auf der Küchentreppe in großer Menge einfanden. Viele davon waren so zahm, daß sie mir aus der Hand fraßen und sich von mir streicheln ließen. Ein riesiger Puter schnappte mir eines Tages eine Tomate aus der Hand und rannte mit ihr davon. Vielleicht ermutigt durch den Erfolg des Truthahns rissen wir einen Kuchen, den die Köchin eben kandiert hatte, vom Herd herunter und aßen ihn bis zum letzten Bissen auf. Mir war hinterher ganz übel, und ich möchte wissen, ob es dem Truthahn ebenso gegangen ist.

Eines meiner größten Vergnügen war es, im Gras nach Perlhuhneiern zu suchen. Perlhühner bauen ihre Nester an verborgenen Stellen. Ich konnte es Martha nicht sagen, wenn ich auf Eierjagd gehen wollte, aber ich legte meine Hände zusammen und drückte sie auf die Erde; das sollte etwas Rundes im Gras bedeuten, und sie verstand mich stets. Wenn wir das Glück hatten, ein Nest zu finden, so erlaubte ich ihr nie, die Eier nach Hause zu tragen, und versuchte ihr durch heftiges Gestikulieren klarzumachen, daß sie fallen und die Eier zerschlagen könnte.

Die Scheunen, in denen das Getreide aufbewahrt wurde, der Stall, in dem die Pferde standen, und der Hof, in dem die Kühe morgens und abends gemolken wurden, übten eine unwiderstehliche Anziehungskraft auf Martha und mich aus. Die Mägde ließen mich die Kühe befühlen, während sie gemolken wurden, und ich wurde dabei für meine Neugier von den Tieren oft tüchtig mit dem Schwanz geschlagen.

Die Vorbereitungen für das Weihnachtsfest machten mir immer große Freude. Natürlich wußte ich nicht, was rings um mich vorging, aber ich freute mich über die angenehmen Gerüche, die das Haus füllten, und die Leckerbissen, die Martha und ich bekamen, damit wir uns still verhielten. Wir waren zwar den Erwachsenen ständig im Weg, aber uns störte das nicht. Wir durften Gewürze mahlen, Rosinen naschen und Rührlöffel ablecken. Ich hängte meinen Strumpf auf,* wie die anderen es taten, kann mich aber nicht entsinnen, daß die Zeremonie mich besonders interessierte; auch weckte mich die Neugier, was ich wohl geschenkt bekommen würde, nicht vor Tagesanbruch.

Martha zeigte eine ebenso große Neigung zum Unfugstiften wie ich. An einem heißen Julinachmittag saßen zwei kleine Mädchen auf den Verandastufen. Das eine war schwarz wie Ebenholz und hatte das krause Haar in kleine, mit Schnürsenkeln umwickelte Löckchen geteilt, die wie Korkzieher von ihrem Kopf abstanden. Das andere Mädchen war weiß und hatte lange goldene Locken. Das eine Kind war sechs Jahre alt, das andere zwei oder drei Jahre älter. Das jüngere Kind war blind – das war ich –, das ältere Martha Washington. Wir waren mit dem Ausschneiden von Papierpuppen beschäftigt, wurden aber dieses Spieles überdrüssig, und nachdem ich meine Schuhbändel sowie alle Blätter des Geißblattstrauches, die ich erreichen konnte, abgeschnitten hatte, richtete ich meine Aufmerksamkeit auf Marthas Korkzieher. Sie sträubte sich zwar anfangs, gab aber schließlich nach. Dann ergriff sie, wahrscheinlich in der Meinung, es sei ganz in Ordnung, Gleiches mit Gleichem zu vergelten, die Schere und schnitt mir eine meiner Locken ab; sie würde mir alle abgeschnitten haben, wenn meine Mutter nicht zur rechten Zeit dazugekommen wäre.

Belle, unser Hund, mein zweiter Spielgefährte, war alt und faul und zog es vor, am offenen Fenster zu schlafen,

* In England und Nordamerika hängen die Kinder zu Weihnachten ihre Strümpfe und Schuhe am Fenster oder Kamin auf und erwarten, daß St. Nikolaus sie mit Geschenken füllt.

statt mit mir herumzutollen. Ich gab mir alle erdenkliche Mühe, ihm meine Zeichensprache beizubringen, aber er war dumm und ungelehrig. Er stand bisweilen still, zitterte vor Aufregung und wurde dann ganz starr, wie es Hunde tun, wenn sie vor einem Vogel stehen. Ich wußte damals nicht, was das bedeutete, merkte aber, daß Belle nicht tat, was ich wollte. Das ärgerte mich, und die Lektion endete gewöhnlich damit, daß ich ihm ein paar Rippenstöße versetzte. Belle stand auf, streckte sich faul, schnaufte ein paarmal verdrießlich, ging auf die andere Seite des Kamins und legte sich wieder hin, während ich müde und enttäuscht auf die Suche nach Martha ging.

Viele Ereignisse aus diesen ersten Jahren sind mir im Gedächtnis geblieben, vereinzelt, aber klar und deutlich, und sie lassen die Stille, die Ziellosigkeit, die Lichtlosigkeit nur um so greller hervortreten.

Eines Tages hatte ich meine Schürze naß gemacht und breitete sie zum Trocknen vor dem Feuer aus, das im Kamin des Wohnzimmers flackerte. Die Schürze trocknete meiner Ansicht nach nicht schnell genug, ich näherte mich daher dem Feuer und breitete sie direkt über der heißen Asche aus. Das Feuer züngelte empor und erfaßte meine Kleider, so daß ich im Nu in hellen Flammen stand. Ich erhob ein schreckliches Angstgeschrei, das meine Pflegerin Viney herbeirief. Sie warf eine Decke über mich, die mich fast erstickte, aber sie löschte damit das Feuer. Außer an Händen und Haaren trug ich keinen ernstlichen Brandschaden davon.

Um diese Zeit entdeckte ich, wozu man einen Schlüssel gebrauchen kann. Eines Morgens schloß ich meine Mutter in der Speisekammer ein, in der sie drei volle Stunden bleiben mußte, da die Hausangestellten in einem abseits gelegenen Teil des Hauses beschäftigt waren. Sie pochte fortwährend an die Tür, während ich draußen auf der Treppe saß und wie ein Kobold lachte, wenn ich die Erschütterung des Pochens fühlte. Dieser Streich überzeugte meine Eltern von der Notwendigkeit, mir sobald als möglich Unterricht geben zu lassen. Kurz nach Ankunft von Miss Sullivan suchte ich eine Gelegenheit, auch sie in ihrem Zimmer einzusperren. Ich ging die Treppe hinauf, um ihr auf Geheiß meiner Mutter etwas zu bringen; kaum aber hatte ich meinen Auftrag erfüllt, war ich wie der Blitz wieder zur Tür hinaus, schloß sie zu und versteckte den Schlüssel unter dem Kleiderschrank im Korridor. Ich konnte nicht dazu gebracht werden, anzugeben, wo der Schlüssel steckte. Mein Vater mußte eine Leiter holen und Miss Sullivan zum Fenster herausholen – zu meinem großen Gaudium. Erst nach Monaten brachte ich den Schlüssel zum Vorschein.

Als ich ungefähr fünf Jahre alt war, zogen wir aus dem kleinen, weinumrankten Haus in ein größeres um. Die Familie bestand aus meinem Vater, meiner Mutter, zwei älteren Stiefbrüdern und mir; später kam dann noch eine kleine Schwester, Mildred, hinzu. Meine früheste Erinnerung an meinen Vater ist die, wie ich eines Tages über große Stöße von Zeitungen hinweg zu ihm kletterte und ihn mit einem Blatt Papier vor seinem Gesicht vorfand. Ich brannte vor Neugier, was er da wohl tat. Ich machte ihm alles nach und setzte sogar seine Brille auf, in der Hoffnung, sie werde mir helfen, hinter das Geheimnis zu kommen. Aber lange Jahre hindurch fand ich des Rätsels Lösung nicht. Dann erfuhr ich, was diese Papiere bedeuteten und daß mein Vater Herausgeber einer Zeitung war.

Mein Vater war äußerst liebevoll und nachsichtig, dabei sehr häuslich, und außer zur Jagdzeit ließ er uns selten allein. Er war ein großer Jäger vor dem Herrn, wie mir erzählt wurde, und ein berühmter Schütze. Nächst seiner Familie liebte er seine Hunde und sein Gewehr. Seine Gastfreiheit war groß und überbordete fast, denn er kam selten nach Hause, ohne einen Gast mitzubringen. Besonders stolz aber war er auf seinen großen Garten, in dem er, wie es hieß, die schönsten Wassermelonen und Erdbeeren der ganzen Gegend zog. Mir brachte er stets die ersten Weintrauben und die köstlichsten Beeren. Ich erinnere mich noch an seine zärtliche Berührung, wenn er mich von Baum zu Baum, von Rebstock zu Rebstock führte, und an seine Freude über alles, was mir Vergnügen machte.

Er war ein großartiger Erzähler. Als ich Sprechen gelernt hatte, pflegte er mir seine hübschesten Anekdoten ungeschickt in die Hand zu buchstabieren, und nichts freute ihn mehr, als wenn ich sie bei passender Gelegenheit wiederholte.

Ich war im Norden und genoß die letzten schönen Sommertage des Jahres 1896, als ich die Nachricht vom Tod meines Vaters erhielt. Er war nur kurze Zeit krank gewesen, hatte aber schwer leiden müssen; dann war alles vorüber. Es war mein erster, großer Schmerz – meine erste persönliche Bekanntschaft mit dem Tod.

In welcher Weise soll ich über meine Mutter schreiben? Sie steht mir so nahe, daß es beinahe taktlos erscheinen würde, wollte ich hier über sie sprechen.

Lange Zeit betrachtete ich meine kleine Schwester als Eindringling. Ich wußte, daß ich nicht mehr meiner Mutter einziger Liebling war, und der Gedanke erfüllte mich mit Eifersucht. Die Kleine saß ständig auf dem Schoß meiner Mutter, wo mein gewohnter Platz gewesen war, und schien alle ihre Sorge und Zeit in Anspruch zu nehmen. Eines Tages geschah etwas, das meiner Meinung nach das Faß zum Überlaufen brachte.

Zu jener Zeit besaß ich eine vielgehätschelte, vielmißhandelte Puppe, der ich später den Namen Nancy gab. Sie war das wehrlose Opfer meiner maßlosen Zorn- und Zärtlichkeitsausbrüche, so daß sie am Ende schrecklich aussah. Ich hatte Puppen, die sprechen und schreien, die Augen öffnen und schließen konnten, aber ich liebte keine von ihnen so sehr wie die arme Nancy. Sie hatte eine Wiege, und ich schaukelte sie oft stundenlang darin. Ich bewachte Puppe und Wiege mit eifersüchtiger Sorge, aber eines Tages entdeckte ich, daß meine kleine Schwester friedlich in dieser Wiege schlummerte. Ich wurde so wütend, daß ich mich auf die Wiege stürzte und sie umwarf; das Kind hätte tot sein können, hätte meine Mutter es nicht im Fallen aufgefangen.

Solche Ausbrüche erfahren jene, die im Tal doppelter Einsamkeit wandeln, so daß sie wenig von den zärtlichen Empfindungen wissen, die aus liebevollen Worten und Handlungen und dem Zusammensein mit anderen emporsprießen. Später, als ich zum Bewußtsein meines Menschentums erwacht war, schlossen wir, Mildred und ich, uns aufs engste aneinander an und waren glücklich, wenn wir Hand in Hand miteinander gehen konnten, wohin wir gerade Lust hatten, obgleich sie meine Zeichensprache und ich ihr kindliches Geplauder nicht verstehen konnte.

3

Inzwischen wuchs mein Verlangen, meinen Gedanken Ausdruck zu geben, von Tag zu Tag. Die wenigen Zeichen, mit denen ich mich verständigte, wurden immer unzureichender, und jeder Fehlschlag hatte unweigerlich einen Zornausbruch zur Folge. Mir war, als hielten mich unsichtbare Hände, und ich machte verzweifelte Anstrengungen, mich zu befreien. Ich kämpfte – nicht daß dieser Kampf etwas nützte, aber der Widerstandsgeist in mir war stärker als ich; ich brach oft weinend und völlig erschöpft zusammen. War meine Mutter zufällig in der Nähe, so flüchtete ich mich in ihre Arme, zu elend, um mich auch nur an die Ursache des Sturmes erinnern zu können. Nach einiger Zeit wurde das Bedürfnis nach Verständigungsmitteln so dringlich, daß diese leidenschaftlichen Auftritte täglich, oft sogar stündlich erfolgten.

Meine Eltern waren tief besorgt und völlig ratlos. Wir wohnten weitab von jeder Blinden- oder Gehörlosenschule, und es schien ausgeschlossen, daß jemand nach einem so abgelegenen Ort wie Tuscumbia kommen würde, um ein Kind zu unterrichten, das sowohl blind wie gehörlos war. Meine Verwandten und Bekannten zweifelten mitunter sogar an der Möglichkeit eines Unterrichts für mich. Meiner Mutter einziger Hoffnungsstrahl entsprang der Lektüre von Dickens' «Amerikanische Skizzen». Sie hatte seinen Bericht über Laura Bridgman gelesen und entsann sich, daß diese gehörlos und blind gewesen war und trotzdem eine Ausbildung erhalten hatte. Aber sie erinnerte sich auch schmerzlich daran, daß Dr. Howe, der Mittel und

Wege entdeckt hatte, blinde Gehörlose zu unterrichten, seit mehreren Jahren tot war. Seine Methoden waren vermutlich mit ihm verschwunden, und auch wenn dies nicht der Fall sein sollte, wie konnte ein kleines Mädchen in einem weltabgelegenen Städtchen Alabamas daraus Nutzen ziehen?

Als ich etwa sechs Jahre alt war, hörte mein Vater von einem berühmten Augenarzt in Baltimore, der in vielen anscheinend hoffnungslosen Fällen Erfolg gehabt hatte. Meine Eltern und meine Tante beschlossen sofort, mit mir nach Baltimore zu reisen, um zu sehen, ob sich etwas für meine Augen tun ließe.

Die Reise, an die ich mich noch sehr gut erinnere, erschien mir als ein Riesenspaß. Ich freundete mich während der Eisenbahnfahrt mit vielen Leuten an. Eine Dame schenkte mir eine Schachtel mit Muscheln. Mein Vater durchbohrte sie, so daß ich sie aufreihen konnte, und ich vergaß die Zeit bei dieser Beschäftigung. Wenn der Schaffner die Runde machte, klammerte ich mich an seine Rockschöße, während er die Fahrkarten einsammelte und entwertete. Seine Zange, mit der er mich spielen ließ, war ein wundervoller Zeitvertreib. In der Ecke des Wagens zusammengekauert, vergnügte ich mich damit, Löcher in Kartonstücke zu knipsen.

Meine Tante machte mir eine große Puppe aus Taschentüchern. Es war ein komisches, formloses Ding, diese improvisierte Puppe ohne Nase, Mund, Augen und Ohren; kurz, es war nichts da, was die Phantasie eines Kindes in ein Gesicht hätte umwandeln können. Seltsamerweise störte mich das Fehlen der Augen mehr als alle übrigen Mängel. Ich suchte dies allen Anwesenden beharrlich klarzumachen, aber niemand schien imstande zu sein, die Puppe mit

Augen zu versehen. Plötzlich schoß mir ein Gedanke durch den Kopf. Ich sprang von meinem Sitz auf und suchte so lange, bis ich den Mantel meiner Tante fand, der mit großen Knöpfen besetzt war. Ich riß zwei Knöpfe ab und bedeutete ihr, sie mir an die Puppe zu nähen. Sie legte mit einer fragenden Gebärde meine Hand an ihre Augen, und ich nickte energisch. Die Knöpfe wurden an der richtigen Stelle angenäht, und ich konnte mich vor Freude nicht fassen, verlor jedoch augenblicklich alles Interesse an der Puppe. Während der ganzen Reise hatte ich keinen meiner gewohnten Gefühlsausbrüche, denn es waren zu viele Dinge da, die meinen Geist und meine Finger beschäftigten.

Als wir in Baltimore anlangten, empfing uns Dr. Chisholm mit großer Liebenswürdigkeit; aber er konnte nichts für meine Augen tun. Doch erklärte er, ich könne Unterricht erhalten. Er wies meinen Vater an Dr. Alexander Graham Bell* in Washington, der in der Lage sein würde, nähere Auskunft über Schulen und Lehrer für blinde oder gehörlose Kinder zu erteilen. Dem Rat des Arztes folgend, reisten wir sofort nach Washington weiter, um Dr. Bell aufzusuchen, mein Vater mit Trauer und Zweifel im Herzen, während ich keine Ahnung von seinem Kummer hatte und an der Aufregung des Reisens von Stadt zu Stadt Gefallen fand.

Mit kindlichem Instinkt erkannte ich sofort das liebevolle, gütige Wesen, mit dem sich Dr. Bell so viele Herzen gewann, wie er durch seine Erfolge Bewunderung hervorrief. Er hielt mich auf seinen Knien, während ich mit

* Der Erfinder des Telephons, Alexander Graham Bell (1847–1922), machte sich auch um Blinde und Gehörlose verdient.

seiner Uhr spielte, die er für mich schlagen ließ. Er verstand meine Zeichen, und ich gewann ihn deshalb sofort lieb. Aber ich hätte mir nicht träumen lassen, daß diese Unterredung das Tor sein sollte, durch das ich schließlich aus der Finsternis ins Licht, aus der Isolierung zur Freundschaft, zur Gemeinschaft, zur Erkenntnis, zur Liebe gelangte.

Dr. Bell riet meinem Vater, an Mr. Anagnos, den Direktor des Perkins-Instituts in Boston, zu schreiben, desselben Instituts, in dem Dr. Howe sich für die Blinden eingesetzt hatte, und nach einer Lehrkraft zu fragen, die meine Ausbildung in die Hand nehmen könnte. Dies tat mein Vater sofort, und nach einigen Wochen traf ein Brief von Herrn Anagnos ein, mit der Zusicherung, daß eine Lehrerin gefunden sei. Dies war im Sommer 1886. Aber Miss Sullivan kam erst im folgenden März zu uns.

So ward ich aus Ägypten geführt und stand vor dem Sinai; eine göttliche Macht berührte meinen Geist und machte ihn sehen, so daß ich vieles Wunderbare wahrnehmen konnte. Und von dem heiligen Berg hörte ich eine Stimme, die sprach: Wissen ist Liebe und Licht und Sehen.

4

Der wichtigste Tag meines Lebens war der, an dem meine Lehrerin, Miss Anne Mansfield Sullivan, zu mir kam. Ich kann kaum Worte finden, um den unermeßlichen Gegensatz in meinem Leben vor und nach ihrer Ankunft zu schildern. Es war der 3. März 1887, drei Monate vor meinem siebenten Geburtstag.

Am Nachmittag jenes folgenreichen Tages stand ich in unbestimmter Erwartung an der Haustür. Da ich aus dem Hin und Her im Haus und aus den Zeichen meiner Mutter auf das Bevorstehen eines außergewöhnlichen Ereignisses geschlossen hatte, ging ich vor die Tür und wartete auf der Treppe. Die Nachmittagssonne drang durch das dichte Geißblattgebüsch, das die Tür einrahmte, und fiel auf mein Gesicht. Meine Finger spielten fast unbewußt mit den vertrauten Blättern und Blüten, die eben hervorgekommen waren, um den milden südlichen Frühling zu begrüßen. Ich wußte nicht, was für Wunder und Überraschungen die Zukunft für mich barg. Zorn und Verbitterung hatten seit Monaten unausgesetzt an mir gezehrt. Dem verzweifelten Kampf war eine tiefe Ermattung gefolgt.

Haben Sie sich je in dichtem Nebel auf See befunden, der einen wie eine greifbare, weiße Finsternis einzuschließen scheint, während das große Schiff seinen Kurs längs der Küste mit Hilfe von Kompaß und Lotleine zögernd und ängstlich verfolgt und man mit klopfendem Herzen irgendein Ereignis erwartet? Jenem Schiff glich ich vor Beginn meiner Ausbildung, nur fehlten mir Kompaß und Lotleine, und ich hatte keine Ahnung, wie nahe der Hafen war. Licht! Gebt mir Licht! lautete der wortlose Schrei meiner Seele, und das Licht der Liebe erhellte bereits in diesem Augenblick meinen Pfad.

Ich fühlte sich nähernde Schritte. Ich streckte meine Hand aus, wie ich glaubte, meiner Mutter entgegen. Irgend jemand ergriff sie, ich wurde emporgehoben und fest in die Arme geschlossen, die Arme der Frau, die gekommen war, den Schleier, der mir die Welt verbarg, zu lüften und, was noch viel mehr bedeutete, mich zu lieben.

Am Morgen nach ihrer Ankunft führte mich meine Lehrerin in ihr Zimmer und gab mir eine Puppe. Die blinden Schülerinnen aus dem Perkins-Institut hatten sie mir geschickt, und Laura Bridgman hatte sie angezogen; dies erfuhr ich jedoch erst später. Als ich ein Weilchen mit ihr gespielt hatte, buchstabierte Miss Sullivan langsam das Wort «d-o-l-l» (Puppe) in meine Hand. Dieses Fingerspiel interessierte mich sofort, und ich begann es nachzumachen. Als es mir endlich gelang, die Buchstaben genau nachzuahmen, errötete ich vor kindlicher Freude und Stolz. Ich lief die Treppe hinunter zu meiner Mutter, streckte meine Hand aus und machte ihr die eben erlernten Buchstaben vor. Ich wußte damals noch nicht, daß ich ein Wort buchstabierte, ja nicht einmal, daß es Wörter gab; ich bewegte einfach meine Finger in affenartiger Nachahmung. Während der folgenden Tage lernte ich auf diese mechanische Art eine große Menge Wörter buchstabieren, unter ihnen pin (Nadel), hat (Hut), cup (Tasse) und ein paar Verben wie sit (sitzen), stand (stehen) und walk (gehen). Meine Lehrerin war schon mehrere Wochen bei mir, als ich schließlich begriff, daß jedes Ding seine Bezeichnung hat.

Als ich eines Tages mit meiner Puppe spielte, legte mir Miss Sullivan auch meine große, zerlumpte Puppe in den Schoß, buchstabierte d-o-l-l und suchte mir verständlich zu machen, daß sich d-o-l-l auf beide Puppen beziehe. Vorher waren wir schon über den Wörtern «m-u-g» (Becher) und «w-a-t-e-r» (Wasser) aneinandergeraten. Miss Sullivan hatte mir einzuprägen versucht, daß m-u-g «mug» und w-a-t-e-r «water» sei, aber ich blieb beharrlich dabei, beide zu verwechseln. Verzweifelt hatte sie das Thema einstweilen fallengelassen, aber nur, um es bei der nächsten Gelegenheit wiederaufzunehmen. Bei ihren wiederholten Versuchen wurde ich ungeduldig, ergriff die neue Puppe und schleuderte sie zu Boden. Ich empfand eine lebhafte Schadenfreude, als ich die Bruchstücke der zertrümmerten Puppe zu meinen Füßen liegen fühlte. Weder Schmerz noch Reue folgten diesem Ausbruch. Ich hatte die Puppe nicht geliebt. In der stillen, dunklen Welt, in der ich lebte, war für starke Zuneigung oder Zärtlichkeit kein Raum. Ich spürte, wie meine Lehrerin die Bruchstücke neben den Kamin legte, und empfand eine Art Genugtuung darüber, daß die Ursache meines Unbehagens beseitigt war. Miss Sullivan brachte mir meinen Hut, und ich wußte, daß es jetzt in den warmen Sonnenschein hinausging. Dieser Gedanke, wenn eine nicht in Worte gefaßte Empfindung ein Gedanke genannt werden kann, ließ mich vor Freude springen und hüpfen.

Wir schlugen den Weg zum Brunnen ein, geleitet durch den Duft des ihn umrankenden Geißblattstrauches. Es pumpte jemand Wasser, und meine Lehrerin hielt mir die Hand unter das Rohr. Während der kühle Strom über eine meiner Hände sprudelte, buchstabierte sie mir in die andere das Wort «water», zuerst langsam, dann schnell. Ich stand still, mit gespannter Aufmerksamkeit die Bewegung ihrer Finger verfolgend. Mit einem Mal durchzuckte mich eine nebelhafte Erinnerung, ein Blitz des zurückkehrenden Denkens – und das Geheimnis der Sprache lag plötzlich offen vor mir. Ich wußte jetzt, daß «water» jenes wundervolle, kühle Etwas bedeutete, das über meine Hand strömte. Dieses lebendige Wort erweckte meine Seele zum Leben, spendete ihr Licht, Hoffnung, Freude, befreite sie von ihren Fesseln! Zwar waren ihr immer noch Schranken gesetzt, aber Schranken, die mit der Zeit weggeräumt werden konnten.

Ich verließ den Brunnen voller Lernbegier. Jedes Ding hatte eine Bezeichnung, und jede Bezeichnung erzeugte einen neuen Gedanken. Als wir ins Haus zurückkehrten, schien mir jeder Gegenstand von verhaltenem Leben zu zittern. Das kam daher, daß ich alles mit den seltsamen, neuen Augen, die ich erhalten hatte, betrachtete. Beim Betreten des Zimmers erinnerte ich mich an die Puppe, die ich zerschlagen hatte. Ich tastete mich zum Kamin, hob die Stücke auf und suchte vergeblich, sie wieder zusammenzufügen. Da füllten sich meine Augen mit Tränen; ich verstand, was ich getan hatte, und zum erstenmal in meinem Leben empfand ich Reue und Schmerz.

Ich lernte an diesem Tag eine große Menge Wörter. Ich erinnere mich nicht mehr an alle, aber ich weiß, daß mother (Mutter), father (Vater), sister (Schwester), teacher (Lehrerin) unter ihnen waren – Wörter, die die Welt für mich erblühen ließen «wie Aarons Stab». Es gab wohl kaum ein glücklicheres Kind als mich, als ich am Abend dieses ereignisvollen Tages in meinem Bettchen lag und noch einmal die Freude durchlebte, die mir zuteil geworden war, und zum erstenmal sehnte ich mich nach dem nächsten Morgen.

5

Ich entsinne mich vieler Ereignisse des Sommers 1887, der auf das Erwachen meiner Seele folgte. Fortwährend tastete ich mit meinen Händen umher und lernte die Bezeichnungen für jeden Gegenstand, den ich berührte, kennen. Je mehr ich mit den Dingen bekannt wurde und ihre Namen und Zwecke kennenlernte, desto freudiger und stärker wurde das Bewußtsein der Verwandtschaft mit der übrigen Welt.

Als die Zeit der Gänseblümchen und Butterblumen gekommen war, führte mich Miss Sullivan an der Hand durch die Felder zu den Ufern des Tennessee. Hier, im warmen Gras sitzend, erhielt ich meinen ersten Unterricht über die Großzügigkeit der Natur. Ich lernte, wie Sonne und Regen Bäume wachsen und Früchte reifen lassen, wie die Vögel ihre Nester bauen und von Land zu Land fliegen, wie das Eichhörnchen, der Hirsch, der Löwe und jedes andere Geschöpf Nahrung und Unterschlupf finden. Je mehr meine Kenntnisse zunahmen, desto größer wurde mein Entzücken über die Welt, in der ich lebte. Lange bevor ich rechnen oder die Gestalt der Erde beschreiben konnte, lehrte mich Miss Sullivan, in den duftenden Wäldern, in jedem Grashalm, wie in den Linien und Grübchen der Hand meiner kleinen Schwester Schönheit zu entdecken. Sie verknüpfte meine ersten Gedanken mit der Natur und brachte mir zum Bewußtsein, daß «Vögel, Blumen und ich glückliche, gleichberechtigte Geschöpfe seien».

Um diese Zeit machte ich eine Erfahrung, die mich davon überzeugte, daß die Natur nicht immer gütig ist. Eines

Tages kehrten meine Lehrerin und ich von einem langen Spaziergang zurück. Der Morgen war schön gewesen, aber es war drückend heiß geworden, als wir uns endlich auf den Heimweg machten. Ein paarmal rasteten wir unter einem Baum am Wegrand. Unser letzter Halt war unter einem wilden Kirschbaum, der in kurzer Entfernung vom Haus stand. Der Schatten war angenehm und der Baum so leicht zu erklettern, daß ich mir mit Hilfe meiner Lehrerin einen Sitz in den Zweigen suchte. Es war so kühl auf dem Baum, daß Miss Sullivan vorschlug, hier unseren Lunch einzunehmen. Ich versprach ihr, still sitzen zu bleiben, während sie nach Hause ging, um das Essen zu holen.

Plötzlich ging eine Veränderung mit dem Baum vor. Alle Sonnenwärme verschwand aus der Luft. Ich wußte, daß der Himmel schwarz überzogen war, weil alle Hitze, die für mich Licht bedeutete, fort war. Ein seltsamer Geruch stieg aus der Erde empor. Ich kannte ihn, es war der Geruch, der stets einem Gewitter vorherzugehen pflegt, und ein namenloser Schreck krampfte mir das Herz zusammen. Ich fühlte mich ganz allein, abgeschnitten von meinen Freunden und der festen Erde. Das Unendliche, das Unbekannte umfing mich. Ich sehnte mich nach meiner Lehrerin, vor allem aber wollte ich von dem Baum herunter.

Eine unheilverkündende Stille trat ein, dann aber begannen sich alle Zweige zu bewegen. Ein Zittern rann durch den Baum, ein heftiger Windstoß folgte, der mich herabgeschleudert haben würde, hätte ich mich nicht mit aller Kraft an einen Ast geklammert. Der Baum schwankte hin und her. Kleine Zweige wurden abgerissen und fielen rings um mich zu Boden. Ein wildes Verlangen ergriff mich, hinunterzuspringen, aber der Schreck hielt mich festgebannt. Ich kletterte bis zur Gabelung des Baumes zurück. Ich fühlte ein Rütteln, als sei etwas Schweres niedergefallen; die Erschütterung pflanzte sich bis zu dem Ast, auf dem ich saß, fort. Meine Aufregung wurde immer größer, und gerade, als ich glaubte, der Baum würde samt mir zur Erde gerissen, faßte mich meine Lehrerin bei der Hand und half mir herunter. Ich klammerte mich zitternd an sie, froh, wieder festen Boden unter den Füßen zu haben. Ich hatte etwas Neues gelernt: daß die Natur «im offenen Krieg mit ihren Kindern liegt und daß man auch bei ihrem sanftesten Streicheln die verborgenen Krallen nicht vergessen darf».

Nach diesem Erlebnis verging eine lange Zeit, ehe ich wieder auf einen Baum kletterte. Der bloße Gedanke daran erfüllte mich mit Entsetzen. Es war der lockende Reiz des Mimosenbaums in voller Blütenpracht, der endlich meine Furcht überwand. Eines schönen Frühlingsmorgens, als ich allein im Gartenhaus war und las, drang ein wunderbar feiner Duft zu mir. Ich stand auf und streckte instinktiv meine Hände aus. Es war, als sei der Geist des Frühlings durch den Garten geschritten. Was ist das? fragte ich mich, und in der nächsten Minute erkannte ich den Geruch der Mimosenblüten. Ich tastete mich bis zum Ende des Gartens, da ich wußte, daß der Mimosenbaum in der Nähe des Zauns an der Wegbiegung stand. Ja, hier stand er, im warmen Sonnenschein, und seine blütenbeladenen Zweige berührten beinahe das hohe Gras. Gibt es etwas Schöneres in der Welt als diesen Baum? Seine zarten Blüten zogen sich bei der kleinsten Berührung zusammen; es hatte den Anschein, als sei ein Baum des Paradieses auf die Erde verpflanzt worden. Ich bahnte mir einen Weg durch den Blütenregen hindurch bis zum Stamm; dort blieb ich einen Augenblick unentschlossen stehen. Dann setzte ich meinen Fuß in den breiten Raum zwischen den gegabelten Ästen und schwang mich hinauf. Ich hatte einige Schwierigkeiten, mich festzuhalten, denn die Äste waren sehr dick, und ich verletzte mir die Hände an der rauhen Rinde. Aber ich hatte das köstliche Gefühl, etwas Außergewöhnliches und Wunderbares zu tun, und so kletterte ich höher und höher, bis ich endlich einen kleinen Sitz erreichte, den sich jemand vor langem hier angelegt hatte, so daß er mit dem Baum selbst verwachsen war. Ich saß hier lange, lange Zeit und hatte das Gefühl, eine Fee auf einer Blütenwolke zu sein. Auch später brachte ich noch viele glückliche Stunden auf meinem Paradiesbaum zu, den Kopf voll herrlicher Gedanken und lebhafter Träume.

6

Ich besaß nun den Schlüssel zur gesamten Sprache und brannte vor Eifer, ihn gebrauchen zu können. Hörende Kinder meistern die Sprache ohne besondere Mühe; Wörter, die von anderen Lippen fallen, erhaschen sie gleichsam im Flug und spielend, während das gehörlose Kind sie durch langsames und oft anstrengendes Vorrücken erlernen muß. Von der Bezeichnung eines Gegenstandes ausgehend, dringen wir Schritt für Schritt vor, bis wir den unermeßlichen Abstand von unserer ersten gestammelten Silbe bis zum Gedankenflug in einem Shakespeare-Vers zurückgelegt haben.

Anfangs stellte ich sehr wenig Fragen, wenn meine Lehrerin mir Neues begreiflich zu machen suchte. Meine Vorstellungen waren unklar und mein Wortschatz unzureichend; in demselben Maß aber, in dem meine Kenntnis der Dinge wuchs und ich mehr und mehr Wörter lernte, erweiterte sich auch das Feld meiner Wißbegier, und ich kehrte immer und immer wieder zu demselben Gegenstand zurück, voller Verlangen nach weiterer Belehrung. Bisweilen belebte ein neues Wort ein Bild wieder, das eine frühere Erfahrung meinem Gedächtnis eingeprägt hatte.

Ich erinnere mich noch genau an den Morgen, an dem ich zum erstenmal nach der Bedeutung des Wortes «lieben» fragte. Dies geschah, als ich erst wenige Wörter kannte. Ich hatte ein paar frühe Veilchen im Garten gefunden und brachte sie meiner Lehrerin. Sie versuchte mich zu küssen; aber damals mochte ich es noch nicht, wenn mich jemand außer meiner Mutter küßte. Miss Sullivan legte zärtlich ihren Arm um mich und buchstabierte mir in die Hand: «Ich liebe Helen.»

«Was ist lieben?» fragte ich.

Sie zog mich näher zu sich heran und sagte: «Es ist hier drinnen», indem sie auf mein Herz deutete, dessen Schläge ich jetzt zum erstenmal bewußt fühlte. Ihre Worte befremdeten mich aufs äußerste, weil ich damals noch nichts verstand, wenn ich es nicht zugleich berühren konnte.

Ich roch an den Veilchen in ihrer Hand und stellte, halb mit Worten, halb mit Zeichen, eine Frage, deren Sinn etwa war: «Ist Liebe der Duft der Blumen?»

«Nein», erwiderte meine Lehrerin.

Wieder sann ich nach. Die Sonne wärmte uns mit ihren Strahlen. Ich fragte, indem ich in die Richtung deutete, aus der die Wärme kam: «Ist das nicht Liebe?»

Es schien mir, als könne es nichts Schöneres geben als die

Sonne, deren Wärme alles zum Wachsen und Blühen brachte. Aber Miss Sullivan schüttelte den Kopf, und ich war sehr verwundert und enttäuscht. Ich fand es seltsam, daß meine Lehrerin mir die Liebe nicht zeigen konnte.

Einige Tage später reihte ich Perlen von verschiedener Größe in regelmäßigen Gruppen auf – zwei große, drei kleine und so weiter. Ich hatte mehrere Fehler gemacht, und Miss Sullivan hatte mich mit liebevoller Geduld immer wieder darauf hingewiesen. Endlich bemerkte ich einen ganz offenbaren Irrtum in der Reihenfolge, und einen Augenblick konzentrierte ich meine ganze Aufmerksamkeit auf mein Vorhaben und versuchte, herauszubekommen, wie ich die Perlen hätte aneinanderreihen sollen. Miss Sullivan berührte meine Stirn und buchstabierte mit großem Nachdruck: think (denken).

Im Nu erkannte ich, daß das Wort die Bezeichnung für den Vorgang war, der sich in meinem Kopf abspielte. Es war meine erste bewußte Vorstellung eines abstrakten Begriffs.

Eine Zeitlang saß ich still da – ich dachte nicht über die Perlen in meinem Schoß nach, sondern versuchte, im Licht dieses neuen Begriffs die Bedeutung von «Liebe» zu ergründen. Die Sonne war den ganzen Tag hinter Wolken versteckt gewesen, und es waren kurze Regenschauer gefallen; plötzlich brach jedoch die Sonne in all ihrem südlichen Glanz hervor.

Wieder fragte ich meine Lehrerin: «Ist das nicht Liebe?»

«Liebe ist etwas Ähnliches wie die Wolken, die am Himmel standen, bevor die Sonne hervorbrach», entgegnete sie.

Dann fuhr sie in schlichteren Worten als die vorhergehenden, die ich damals noch nicht verstehen konnte, fort: «Du weißt, du kannst die Wolken nicht berühren, aber du fühlst den Regen und weißt, wie froh die Blumen und die durstige Erde sind, wenn er nach einem heißen Tag auf sie niederströmt. Auch die Liebe kannst du nicht berühren, aber du empfindest das Entzücken, das sie über alles ausgießt. Ohne Liebe würdest du weder glücklich sein noch spielen wollen.»

Mit einem Schlag offenbarte sich die Wahrheit meinem Geist – ich fühlte, es gab unsichtbare Bande, die sich zwischen meiner Seele und den Seelen anderer hinzogen.

Vom Beginn meiner Ausbildung an hatte Miss Sullivan es sich zum Grundsatz gemacht, so zu mir zu sprechen, als spreche sie mit einem hörenden Kind; der einzige Unterschied bestand darin, daß sie mir die Sätze in die Hand buchstabierte, anstatt sie zu sprechen. Verfügte ich nicht über die nötigen Wörter, um meine Gedanken auszudrükken, so ergänzte sie diese und machte sogar Vorschläge zur Weiterführung der Unterhaltung, wenn ich dem Dialog nicht mehr folgen konnte.

Diesem Verfahren blieb sie jahrelang treu; denn das gehörlose Kind lernt nicht in einem Monat, nicht einmal in zwei bis drei Jahren die zahllosen Ausdrücke, die im einfachsten täglichen Gespräch vorkommen. Das hörende Kind lernt diese durch fortwährende Wiederholung und Nachahmung. Die Unterhaltung, die es zu Hause vernimmt, spornt seinen Geist an, bereichert seinen Wortschatz und fördert den Ausdruck seiner eigenen Gedanken. Dieser naturgemäße Gedankenaustausch ist dem gehörlosen Kind versagt. Da sie dies klar erkannte, beschloß meine Lehrerin, dem Mangel an äußerem Anreiz für mich abzuhelfen. Dies tat sie, indem sie mir, soweit es möglich war, wörtlich wiederholte, was sie hörte, und mir Mittel und Wege zeigte, an der Unterhaltung teilzunehmen. Aber es dauerte lange Zeit, ehe ich es wagte, die Initiative zu ergreifen, und noch länger, ehe ich imstande war, etwas Passendes zur rechten Zeit zu sagen.

Für Gehörlose wie Blinde ist es sehr schwer, sich einen angenehmen Unterhaltungston anzugewöhnen. Wieviel größer muß diese Schwierigkeit bei denen sein, die beides, gehörlos und blind, sind. Sie können den Tonfall nicht unterscheiden noch ohne die Hilfe anderer die Tonhöhe modifizieren, wodurch die Wörter erst ihren Sinn erhalten; ebensowenig vermögen sie den Gesichtsausdruck des Sprechenden zu sehen, und in einem Blick liegt häufig gerade das innerste Wesen dessen, was jemand sagt.

7

Der nächste wichtige Schritt in meiner Ausbildung bestand darin, daß ich lesen lernte.

Sobald ich ein paar Wörter buchstabieren konnte, gab mir meine Lehrerin Pappstreifen in die Hand, auf denen die Wörter in erhobenen Buchstaben gedruckt waren. Ich begriff bald, daß jedes gedruckte Wort einen Gegenstand, eine Tätigkeit oder eine Eigenschaft bezeichnete. Ich hatte einen Rahmen, in dem ich die Wörter zu kurzen Sätzen aneinanderreihen konnte; ehe ich aber die Sätze in den Rahmen spannte, pflegte ich sie an Gegenständen darzustellen. Ich fand z. B. die Streifen mit den Wörtern doll, is, on, bed (Puppe, ist, im, Bett) und legte jedes Hauptwort auf den betreffenden Gegenstand. Dann legte ich meine Puppe ins Bett und neben sie die Wörter is, on, bed; ich bildete also einen Satz aus den Wörtern und stellte zu gleicher Zeit den Sinn des Satzes mit Hilfe der Gegenstände selber dar.

Eines Tages steckte ich mir, wie Miss Sullivan mir später erzählte, das Wort girl (Mädchen) an die Schürze und stellte mich in den Kleiderschrank. Am Schrank brachte ich die Wörter is, in, wardrobe (ist, im, Kleiderschrank) an. Nichts machte mir mehr Spaß als dieses Spiel. Meine Lehrerin und ich spielten es stundenlang.

Von den bedruckten Streifen war es nur ein Schritt zu Büchern in Prägedruck. Ich nahm meine Fibel und machte Jagd auf Wörter, die ich kannte; fand ich solche, so war meine Freude der beim Versteckenspiel gleich. Auf diese Weise lernte ich lesen. Über die Zeit, in der ich zusammenhängende Geschichten zu lesen begann, erzähle ich später.

Lange Zeit hatte ich keine regelmäßigen Unterrichtsstunden. Selbst wenn ich sehr eifrig lernte, glich es mehr einem Spiel als einer Arbeit. Alles, was Miss Sullivan mich lehrte, machte sie mir durch eine hübsche Geschichte oder ein Gedicht anschaulich. Wenn ich Freude oder Interesse an etwas zeigte, so sprach sie mit mir darüber genau so, als ob sie selbst ein kleines Mädchen wäre.

Ich kann mir das innige Verständnis nicht erklären, das Miss Sullivan für meine Freuden und Wünsche besaß. Vielleicht war es das Ergebnis ihres langen Zusammenlebens mit Blinden. [Sie war selbst viele Jahre lang blind gewesen.] Überdies verfügte sie über eine wunderbare Schilderungsgabe. Sie ging rasch über uninteressante Einzelheiten weg und quälte mich nie mit Fragen, um zu sehen, ob ich auch all das in der Lektion des vorigen Tages Behandelte behalten hatte. Trockene wissenschaftliche Themen führte sie nur nach und nach in den Unterricht ein und machte dabei alles so klar und anschaulich, daß ich fast notgedrungen behalten mußte, was sie dargestellt hatte.

Wir lasen und lernten im Freien und zogen den Wald dem Haus vor. Meine sämtlichen ersten Unterrichtsstunden tragen den Hauch des Waldes – den feinen Harzduft der Fichtennadeln, vermengt mit dem Geruch des wilden Weins. Im kühlen Schatten eines wilden Tulpenbaums sitzend, lernte ich darüber nachdenken, daß alles eine Lehre und eine Anregung in sich berge. «Die Schönheit der Dinge lehrte mich ihre Bestimmung.» In der Tat hatte alles, was da summen, brummen, singen, blühen konnte, einen Anteil an meiner Ausbildung – quakende Frösche, Heimchen und Grillen, die ich so lange in der Hand hielt, bis sie ihre Gefangenschaft vergaßen und ihr Liedchen wieder anstimmten, kleine Küken in ihrem ersten Flaum und wildwachsende Blumen, die Blüten der Kornelkirsche, Veilchen und blühende Obstbäume. Ich befühlte die berstenden Baumwollkapseln und ließ ihre weichen Fäden und ihre pelzigen Samenkörner durch die Finger gleiten; ich fühlte das leise Rauschen des Windes in den Getreidefeldern, sein weiches Flüstern im Laub der Bäume, das unwillige Schnauben meines Ponys – wenn wir es auf der Weide einfingen und ihm den Zaum anlegten – ach, wie genau erinnere ich mich an den würzigen Kleeduft seines Atems!

Manchmal stand ich vor Tagesanbruch auf und stahl mich in den Garten hinunter, während noch schwere Tautropfen auf Gräsern und Blumen lagen. Nur wenige wissen, was es für ein Genuß ist, die Rosen zu berühren und sanft mit der Hand zu drücken oder der anmutigen Bewegung der Lilien zu folgen, wenn sie im Morgenwind hin und her schwanken. Mitunter war ein Insekt in der Blume, die ich pflückte, und ich fühlte das leise Geräusch der Flügel, die das Tierchen in plötzlichem Schreck aneinander rieb, sobald es des Druckes von außen gewahr wurde.

Ein anderer meiner Lieblingsplätze war der Obstgarten. Die großen, tief herabhängenden Pfirsiche boten sich von selbst meiner Hand dar, und wenn der Wind durch die Bäume wehte, fielen mir die Äpfel zu Füßen. Welches Entzücken, das Obst in meiner Schürze zu sammeln, mein Gesicht an die glatten Wangen der Äpfel zu drücken, die noch warm waren vom Sonnenschein, und ins Haus zurückzueilen!

Unser Lieblingsspaziergang war zu «Kellers Landungsplatz», einer alten, verfallenen Hafenanlage am Tennessee, die während des Bürgerkriegs zum Landen von Truppen benutzt worden war. Hier brachten wir viele glückliche Stunden zu und beschäftigten uns mit Geographie. Ich baute Dämme aus Kieseln, legte Inseln und Seen an und grub Flußläufe aus, alles zum Scherz, denn nie kam es mir in den Sinn, daß das eine Unterrichtsstunde war. Mit wachsendem Erstaunen nahm ich die Schilderungen auf, die Miss Sullivan von der großen, weiten Welt mit ihren feuerspeienden Bergen und vielen anderen seltsamen Dingen entwarf. Sie modellierte Reliefkarten in Ton, so daß ich die Gebirgsketten und Täler fühlen und mit den Fingern dem gekrümmten Lauf der Flüsse folgen konnte. Dies gefiel mir sehr, aber die Einteilung der Erde in Zonen und Pole verwirrte mich. Die diese Verhältnisse veranschaulichenden Fäden und der Orangenstiel, der den Pol darstellte, erschienen mir so ganz der Wirklichkeit entsprechend, daß noch bis zum heutigen Tag die bloße Erwähnung der gemäßigten Zone die Vorstellung von Zwirnfäden in mir hervorruft, und ich glaube, daß man mir noch heute leicht weismachen könnte, Eisbären müßten den Nordpol tatsächlich erklettern.

Arithmetik scheint das einzige Lehrfach gewesen zu sein, dem ich nichts abgewinnen konnte. Von Anfang an hatte ich kein Interesse für die Wissenschaft der Zahlen. Miss Sullivan suchte mir das Rechnen beizubringen, indem sie Perlen in Gruppen aneinanderreihte, und mit Hilfe von Strohhalmen, wie sie im Kindergarten üblich sind, lernte ich addieren und subtrahieren. Ich hatte nie die Geduld, mehr als fünf bis sechs Gruppen zugleich zusammenzureihen; hatte ich das zustande gebracht, so war mein Gewissen für den Rest des Tages beruhigt, und ich lief zu meinen Spielgefährten hinaus.

In derselben sorglosen Weise trieb ich Zoologie und Botanik.

Einmal sandte mir ein Herr, dessen Namen ich vergessen habe, Versteinerungen – kleine, wunderschön gezeichnete Muscheln, Sandsteinfragmente mit Abdrücken von Vogelfüßen und einen reizenden Farn in Basrelief. Dies waren die Schlüssel, die mir den Zugang zu den Schätzen der prähistorischen Welt eröffneten. Mit zitternden Fingern lauschte ich Miss Sullivans Schilderungen der monströsen Tiere mit den wunderlichen, unaussprechlichen Namen, die einst durch die Wälder der Urzeit stampften, die Zweige von Riesenbäumen zur Nahrung abrissen und in den ungeheuren Morasten eines unbekannten Zeitalters umkamen. Lange Zeit geisterten diese unheimlichen Geschöpfe durch meine Träume; diese düstere Periode bildete einen dunklen Hintergrund zu heitereren Zeiten, die mit Sonnenschein, Rosen und leichten Hufschlägen meines kleinen Ponys angefüllt waren.

Ein andermal erhielt ich eine schöne Muschel geschenkt,

und mit kindlichem Staunen und Entzücken lernte ich, wie ein winziges Weichtier sich dieses herrliche Haus als Wohnung gebaut hatte und wie in stillen Nächten, wenn kein Luftzug die Meeresfläche kräuselt, der Nautilus auf den blauen Gewässern des Indischen Ozeans in seinem perlmutternen Schiff dahinsegelt. Nachdem ich eine Menge interessante Dinge über das Leben und die Gewohnheiten der Meerestiere kennengelernt hatte – wie inmitten der schäumenden Wogen kleine Polypen die schönen Koralleninseln des Stillen Ozeans aufbauen und Foraminiferen die Kalkhügel vieler Länder gebildet haben –, las mir meine Lehrerin das Märchen vom Nautilus vor und erklärte mir, daß der muschelbildende Prozeß bei den Mollusken symbolisch ist für die Entwicklung des Geistes. Genau wie der Mantel des Nautilus die Stoffe, die er aus dem Wasser aufnimmt, umwandelt und zu einem Teil seiner selbst macht, so erfahren die einzelnen Kenntnisse, die jemand sammelt, eine Veränderung und werden zu Gedankenperlen.

Auch das Wachstum einer Pflanze lieferte uns Stoff für eine Unterrichtsstunde. Wir kauften eine Lilie und stellten sie an ein sonniges Fenster. Bald begannen die spitzen Knospen sich zu öffnen. Die schlanken, fingerähnlichen Außenblätter enthüllten langsam, widerstrebend – wie es mir vorkam – die Lieblichkeit des Innern; war aber einmal der Anfang gemacht, so ging der weitere Prozeß des sich Öffnens rasch vonstatten, aber ordnungsgemäß und systematisch. Stets war eine der Knospen größer und schöner als die übrigen und warf ihre äußere Hülle stolzer zurück, als wüßte diese Schönheit in seidenweichen Gewändern, daß sie Lilienkönigin von Gottes Gnaden sei, während ihre bescheideneren Schwestern ihre grünen

Hüllen zaghaft ablegten, bis die ganze Pflanze ein einziger nickender Zweig voller Lieblichkeit und Wohlgeruch war.

Einmal wurde ein rundes Glas mit elf Kaulquappen an ein Fenster voller Pflanzen gestellt. Ich erinnere mich noch an den Eifer, mit dem ich Beobachtungen über sie anstellte. Es machte mir großen Spaß, meine Hand in das Glas zu tauchen, zu fühlen, wie sich die Kaulquappen tummelten, und sie zwischen meinen Fingern hin und her schlüpfen zu lassen. Eines Tages hatte sich ein ehrgeiziger Bursche unter ihnen an den Rand des Glases gewagt und war auf den Fußboden gefallen, wo ich ihn allem Anschein nach mehr tot als lebendig fand. Das einzige Lebenszeichen, das er von sich gab, war ein leichtes Schwanzwedeln. Kaum war er aber in sein Element zurückgekehrt, als er auch schon auf den Grund tauchte und geschäftig hin und her schwamm. Er hatte einen Sprung ins Ungewisse gemacht, hatte die große Welt gesehen und war nun froh, wieder in seinem hübschen Glashaus unter dem großen Fuchsienstock zu sein, bis er die Würde des ausgewachsenen Frosches erreicht hatte. Dann würde er in den mit Wasserpflanzen bedeckten Teich am Ende des Gartens übersiedeln und in den Sommernächten seine quarrenden Liebeslieder erschallen lassen.

So lernte ich vom Leben selbst. Anfangs lag nur ein ganz kleines, beschränktes Maß von Fähigkeiten in mir. Meine Lehrerin war es, die sie entfaltete und entwickelte. Als sie kam, begann alles um mich her Liebe und Freude zu atmen und gewann eine Fülle von Bedeutung. Seitdem hat sie keine einzige Gelegenheit vorübergehen lassen, ohne mich auf die in allem waltende Schönheit aufmerksam zu machen, und hat nicht aufgehört, durch Wort, Tat und Vorbild dahin zu wirken, daß mein Leben sich bereichernd und nützlich gestaltete.

Es war der Geist meiner Lehrerin, ihr warmes Mitempfinden, ihr liebevoller Takt, die mir die ersten Jahre meiner Ausbildung so unvergeßlich gemacht haben. Dadurch, daß sie stets den richtigen Augenblick wählte, um mein Wissen durch etwas Neues zu bereichern, wurde der Unterricht für mich anziehend und leicht faßlich. Sie erkannte, daß der Geist eines Kindes einem seichten Bach gleicht, der fröhlich in dem steinigen Bett der Erziehung dahinhüpft und tanzt und hier eine Blume, dort einen Strauch, dort ein Wölkchen widerspiegelt; sie suchte meinen Geist auf den rechten Pfad zu leiten, da sie wohl wußte, daß er wie ein Bach durch Rinnsale und verborgene Quellen genährt werden muß, bis er sich zum tiefen Fluß erweitert, der imstande ist, auf seiner ruhigen Oberfläche wogende Hügel, die Schatten der Bäume und den blauen Himmel ebensogut wie das holde Antlitz einer kleinen unscheinbaren Blume widerzuspiegeln.

Jeder Lehrer kann ein Kind zu sich ins Klassenzimmer nehmen, aber nicht jeder Lehrer kann es unterrichten. Es wird nicht mit Freude lernen, wenn es nicht in Schule und Freizeit das Bewußtsein der Freiheit in sich trägt; es muß das Hochgefühl des Erfolgs und die Niedergeschlagenheit der Enttäuschung kennen, ehe es mit festem Willen an die ihm unangenehmen Aufgaben herangeht und sich entschließt, sich seinen Weg tapfer und unverdrossen durch die stumpfe Routine der Lehrbücher zu bahnen.

Meine Lehrerin steht mir so nahe, daß ich mich kaum als von ihr getrennt fühle. Wieviel von meiner Freude an allem Schönen mir angeboren ist, wieviel ich ihrem Einfluß verdanke, werde ich nie anzugeben vermögen. Ich fühle, ihr Wesen ist untrennbar von dem meinigen, und sie ist mir auf meinem Weg vorausgegangen. Alles Gute an mir ist ihr

Werk – es gibt keine Fähigkeit, kein Streben, keine Freude in mir, die sie nicht durch ihre liebevolle Berührung zum Leben erweckt hätte.

8

Das erste Weihnachtsfest nach Miss Sullivans Ankunft war ein großes Ereignis. Jedes Familienmitglied bereitete Überraschungen für mich vor; was mir aber am meisten Vergnügen machte, war, daß Miss Sullivan und ich unsererseits Überraschungen für alle anderen vorbereiteten. Das die Geschenke umgebende Geheimnis war meine größte Freude. Meine Familie stachelte meine Neugier durch Andeutungen und halb buchstabierte Sätze an, die sie im spannendsten Augenblick abbrechen zu müssen vorgaben. Miss Sullivan und ich unterhielten uns mit einem Ratespiel, das mich im Gebrauch der Sprache mehr förderte als jede regelrechte Unterrichtsstunde. Jeden Abend beschäftigten wir uns mit unserem Spiel, das um so aufregender wurde, je näher Weihnachten rückte.

Am Heiligen Abend feierten die Schulkinder von Tuscumbia ihre Bescherung, zu der sie mich einluden. In der Mitte des Schulzimmers stand ein schöner Baum, strahlend und schimmernd im milden Licht der Kerzen und beladen mit seltsamen, wunderbaren Früchten. Es war ein Augenblick höchster Glückseligkeit. Ich tanzte und sprang vor Freude um den Baum herum. Als ich erfuhr, es sei ein Geschenk für jedes Kind da, war ich entzückt, und die freundlichen Spender, die die Bescherung veranstalteten, gestatteten mir, die Gaben den Kindern zu überreichen. In der Freude darüber fand ich keine Zeit, meine eigenen Geschenke zu beachten; als ich aber mit der Verteilung fertig war, überstieg meine Ungeduld nach der richtigen Bescherung im Familienkreis alle Begriffe. Ich wußte, daß die Geschenke, die ich schon erhalten hatte, nicht die waren, deretwegen meine Familie mir durch ihre Anspielungen Tantalusqualen bereitet hatte, und meine Lehrerin sagte mir, die Geschenke, die ich noch erhalten würde, seien viel schöner als die, welche ich schon bekommen hätte. Ich war jedoch entschlossen, mich mit den Geschenken von dem Baum zufriedenzugeben und die übrigen bis morgen in Ruhe zu lassen.

In jener Nacht lag ich, nachdem ich meinen Strumpf aufgehängt hatte, lange Zeit wach, da ich mich gegen den Schlaf wehrte und mich munter halten wollte, um zu erfahren, was St. Niklaus wohl tun würde, wenn er käme. Endlich schlief ich aber doch mit einer neuen Puppe und einem Eisbären in den Armen ein. Am nächsten Morgen war ich es, die die Familie mit meinem ersten «Ein fröhliches Weihnachtsfest» aufweckte. Ich fand Überraschungen nicht allein in dem Strumpf, sondern auch auf dem Tisch, auf allen Stühlen, an der Tür, sogar auf dem Fensterbrett; ich konnte in der Tat kaum einen Schritt machen, ohne über ein in Goldpapier gewickeltes Geschenk zu stolpern. Als aber meine Lehrerin mir einen Kanarienvogel schenkte, kannte meine Seligkeit keine Grenzen.

Der kleine Jim war so zahm, daß er auf meinen Finger hüpfte und mir kandierte Kirschen aus der Hand pickte. Miss Sullivan lehrte mich, meinen neuen Liebling mit der größten Sorgfalt zu hegen und zu pflegen. Jeden Morgen nach dem Frühstück machte ich ihm sein Bad zurecht, reinigte seinen Käfig, gab ihm frisches Futter, füllte sein Trinknäpfchen mit frischem Brunnenwasser und hängte etwas Vogelmiere an seinen Schaukelring.

Eines Morgens ließ ich den Käfig auf dem Fensterbrett stehen, während ich Jim frisches Wasser für sein Bad holte. Als ich zurückkehrte und die Tür öffnete, fühlte ich, daß eine große Katze an mir vorbeihuschte. Zuerst bemerkte ich noch gar nicht, was sich zugetragen hatte; als ich aber meine Hand in den Käfig steckte und Jim mir nicht entgegenflatterte, um sich mit seinen zierlichen Füßchen auf meinen Finger zu setzen, wußte ich, daß ich meinen lieben, kleinen Sänger verloren hatte.

9

Das nächste wichtige Ereignis in meinem Leben war mein Besuch in Boston im Mai 1888. Als ob es erst gestern gewesen wäre, so genau erinnere ich mich an die Vorbereitungen, die Abreise mit meiner Lehrerin und meiner Mutter, die Eisenbahnfahrt und endlich die Ankunft in Boston. Wie verschieden war doch die Reise von der, die ich zwei Jahre zuvor nach Baltimore gemacht hatte! Ich war kein ruheloses, reizbares kleines Geschöpf mehr, das die Aufmerksamkeit sämtlicher Mitreisenden verlangte, um zufrieden zu sein. Ich saß still neben Miss Sullivan und achtete mit regem

Interesse auf alles, was sie mir von dem mitteilte, was sie aus dem Wagenfenster sah: den Tennessee-River, große Baumwollplantagen, Hügel und Wälder und die Scharen lachender Schwarzen auf den Bahnhöfen, die den Reisenden zuwinkten und köstliches Zuckergebäck und Maiskolben durch den Wagen trugen. Mir gegenüber saß meine große, zerlumpte Puppe Nancy, in einem neuen Baumwollkleid und einem zerknitterten Strohhut, und sah mich unverwandt mit ihren Glasaugen an. Bisweilen, wenn ich nicht durch Miss Sullivans Schilderungen in Anspruch genommen war, erinnerte ich mich an die Anwesenheit Nancys und nahm sie auf den Arm, aber im allgemeinen beschwichtigte ich mein Gewissen damit, daß ich mir einredete, sie schlafe.

Da ich keine Gelegenheit mehr haben werde, von Nancy zu erzählen, so will ich gleich hier von dem traurigen Schicksal berichten, das sie bald nach unserer Ankunft in Boston ereilte. Sie war ganz mit Schmutz bedeckt, dem Überrest von Schlammkuchen, die zu essen ich sie gezwungen hatte, obwohl sie nie eine besondere Vorliebe für diesen Leckerbissen gezeigt hatte. Die Wäscherin im Perkins-Institut nahm sie heimlich mit fort, um sie zu baden. Das war für die arme Nancy zuviel. Als ich sie das nächstemal sah, war sie nur noch ein formloser Watteklumpen, den ich überhaupt nicht wiedererkannt haben würde, wären nicht die beiden vorwurfsvollen Glasaugen gewesen.

Kurz nach unserer Ankunft im Blindeninstitut schloß ich bereits Freundschaft mit anderen blinden Kindern. Es freute mich ungeheuer, daß sie das Fingeralphabet verstanden. Wie froh war ich, mich mit anderen Kindern in meiner Sprache unterhalten zu können! Bis dahin war ich wie eine Ausländerin gewesen, die durch Vermittlung eines Dolmetschers spricht. In der Schule, in der Laura Bridgman unterrichtet worden war, befand ich mich in meinem Heimatland.

Es kostete mich einige Zeit, ehe ich mir die Tatsache, daß meine neuen Freunde blind waren, in ihrer ganzen Tragweite klarmachte. Ich wußte, ich konnte nicht sehen; aber es erschien mir unmöglich, daß all die munteren, liebenswürdigen Kinder, die um mich herumstanden und in meine Fröhlichkeit einstimmten, gleichfalls blind sein sollten. Ich entsinne mich der schmerzlichen Überraschung, die ich empfand, als ich bemerkte, daß sie in ihren Büchern mit Hilfe der Finger lasen. Obgleich ich mir meiner eigenen Behinderung bewußt war, so hatte ich doch in unbestimmter Weise geglaubt, daß, da sie hören konnten, sie eine Art von «zweitem Gesicht» haben müßten, und ich war nicht darauf vorbereitet, daß diese Kinder alle derselben kostbaren Gabe wie ich beraubt waren. Aber sie waren so glücklich und zufrieden, daß ich allen Kummer über der Freude vergaß, die mir das Zusammentreffen mit ihnen gewährte.

Nach einem Tag in der Gesellschaft der blinden Kinder fühlte ich mich in meiner neuen Umgebung völlig daheim, und jeder Tag brachte mir ein neues angenehmes Erlebnis. Ich konnte mich erst nicht völlig davon überzeugen, daß es außer Boston noch viel in der Welt gab, denn ich betrachtete diese Stadt als den Anfang und das Ende der Schöpfung.

Während unseres Aufenthalts in Boston fuhren wir einmal nach Plymouth. Es war meine erste Seereise und mein erster Ausflug auf einem Dampfer. Wie voll von Leben und Bewegung war das Schiff! Aber das Dröhnen der Maschinen ließ mich glauben, es sei ein Gewitter im Anzug, und ich begann zu weinen, weil ich fürchtete, wir könnten unser

Picknick nicht im Freien abhalten. Ich glaube, der große Felsen, an dem die Pilgerväter gelandet waren, interessierte mich mehr als alles übrige in Plymouth. Ich konnte ihn berühren, vielleicht war das der Grund, weswegen ich mir die Ankunft der Puritaner, ihre Mühsale und ihre Leistungen so deutlich vorstellen konnte. Ich habe das kleine Modell des Felsens von Plymouth oft in der Hand gehalten, das mir ein freundlicher Herr in Pilgrim Hall gab, ich habe seine Umrisse, den Spalt in der Mitte und die eingemeißelte Inschrift, «1620», befühlt und in meinem Innern alles wiederholt, was ich über die Pilgerväter wußte.

Meine kindliche Phantasie glühte bei dem Gedanken an ihr mutiges Unternehmen. Ich idealisierte sie als die tapfersten und hochherzigsten Männer, die jemals in der Fremde eine Heimat gesucht hatten. Ich glaubte, sie hätten die Freiheit ihrer Mitmenschen ebenso wie die eigene erstrebt, und war peinlich berührt und sehr enttäuscht, als ich einige Jahre später von ihrer Intoleranz und Rücksichtslosigkeit erfuhr.

Unter den zahlreichen Freunden, die ich mir in Boston gewann, befanden sich auch Mr. William Endicott und seine Tochter. Eines Tages besuchten wir ihre schöne Villa in Beverly Farms. Ich erinnere mich mit Vergnügen daran, wie ich durch ihren herrlichen Rosengarten schritt, wie ihre Hunde, der mächtige Leo und der kleine, kraushaarige Fritz mit den langen Ohren, sich zu mir gesellten und wie Nimrod, das Rennpferd, seine Nüstern in meine Hand steckte, damit ich seinen Hals klopfen und ihm ein Stück Zucker gab. Ich erinnere mich auch an den Strand, wo ich zum erstenmal im Sand gespielt habe. Mr. Endicott erzählte mir von den großen Schiffen, die von Boston nach Europa segelten. Ich sah ihn später noch oft, er ist mir stets ein guter Freund gewesen, und ich dachte an ihn, als ich Boston die «Stadt der gütigen Herzen» nannte.

10

Meine lebhafteste Erinnerung an jenen Sommer ist der Ozean. Ich hatte stets im Binnenland gelebt und niemals Seeluft geatmet; aber ich hatte eine Schilderung des Ozeans gelesen, die mich mit Staunen und sehnsüchtigem Verlangen erfüllte, die gewaltige See zu befühlen und ihr Toben zu spüren. So schlug mein kleines Herz in heftiger Erregung, als ich erfuhr, daß mein Wunsch in Erfüllung gehen sollte. Miss Sullivan und ich verbrachten nämlich unsere Sommerferien zusammen mit Mrs. Hopkins, einer Freundin, in Brewster am Cape Cod.

Kaum war ich in mein Badekostüm geschlüpft, als ich über den warmen Sand sprang und ohne die geringste Furcht in das kühle Wasser tauchte. Ich fühlte, wie die mächtigen Wogen sich abwechselnd hoben und senkten. Die schaukelnde Bewegung des Wassers erfüllte mich mit lebhafter Freude. Mit einem Mal aber wich mein Entzükken dem Entsetzen: Mein Fuß stieß gegen einen Felsen, und im nächsten Augenblick ergoß sich ein Strom Wasser über meinen Kopf. Ich streckte die Hände aus, um Halt zu finden, griff ins Wasser und faßte nur Tang, den mir die Wellen ins Gesicht schleuderten. Alle meine verzweifelten Anstrengungen waren vergeblich. Die Wellen schienen ihr

Spiel mit mir zu treiben und warfen mich in ihrem Tosen von einer zur anderen. Es war fürchterlich! Die gute, feste Erde war mir unter den Füßen weggeglitten, und ich schien durch dieses unheimliche, mich rings umgebende Element von allem – von Leben, Luft, Wärme, Liebe – ausgeschlossen zu sein. Endlich jedoch warf mich die See, als sei sie ihres neuen Spielzeugs müde, ans Ufer zurück, und im nächsten Augenblick wurde ich von den Armen meiner Lehrerin umschlungen. Welcher Trost lag in der langen, langen Umarmung! Sobald ich mich von meinem panischen Schrecken soweit erholt hatte, um ein Wort hervorbringen zu können, fragte ich: «Wer hat denn eigentlich das Salz ins Wasser geschüttet?»

Nachdem ich meine erste Erfahrung mit dem Wasser glücklich hinter mir hatte, bereitete es mir besonderes Vergnügen, im Badeanzug auf einem mächtigen Felsen zu sitzen und Woge um Woge heranbranden zu fühlen, wobei sie einen Spritzregen von Schaum heraufsandten, der mich völlig durchnäßte. Ich spürte, wie die Kiesel fortgeschwemmt wurden, wenn die Wogen mit voller Wucht gegen das Ufer anstürmten; der ganze Strand schien durch ihren furchtbaren Anprall zertrümmert zu werden, und die Luft bebte unter ihren Stößen. Die Brandung schlug zurück, um sich zu einem noch mächtigeren Anlauf zu sammeln, während ich mich voll gespannter Erwartung an den Felsen klammerte und das Toben und Brüllen des wütenden Meeres fühlte.

Ich konnte mich kaum vom Strand losreißen. Der Hauch der reinen, frischen und klaren Seeluft wirkte wie ein kühler, beruhigender Gedanke, und die Muscheln, die Kiesel, die mit winzigen Lebewesen bedeckten Algen faszinierten mich immer wieder. Eines Tages lenkte Miss Sullivan meine Aufmerksamkeit auf ein seltsames Ding, das sie im seichten Wasser gefangen hatte. Es war ein großer Einsiedlerkrebs, der erste, dem ich je begegnet war. Ich befühlte ihn und fand es sehr seltsam, daß er sein Haus auf dem Rücken mit sich herumtragen sollte. Plötzlich schoß mir der Gedanke durch den Kopf, er könnte einen ganz netten Spielgefährten abgeben; ich ergriff ihn mit beiden Händen am Schwanz und trug ihn nach Hause. Ich war stolz auf meine Leistung, denn er war sehr schwer, und ich mußte alle meine Kräfte anstrengen, um ihn eine halbe Meile weit zu schleppen. Ich ließ Miss Sullivan keine Ruhe, bis sie den Krebs in einen Trog in der Nähe des Brunnens geworfen hatte, in dem er nach meiner Überzeugung sicher aufgehoben war. Als ich aber am nächsten Morgen zu dem Trog kam, war er verschwunden. Niemand wußte, wohin er gekommen war und wie er hatte entwischen können. Ich war schmerzlich enttäuscht; nach und nach gelangte ich jedoch zu der Einsicht, daß es nicht sehr klug gewesen war, dieses arme, stumme Geschöpf seinem Element zu entreißen. Schließlich tröstete ich mich mit dem Gedanken, es sei ihm vielleicht gelungen, ins Meer zurückzukehren.

II

Im Herbst kehrte ich voll schöner Erinnerungen in meine südliche Heimat zurück. Sooft ich mir diesen Besuch im Norden ins Gedächtnis zurückrufe, staune ich über die reichen, vielfältigen Erfahrungen, die sich mit ihm verbinden. Er scheint mir der Ausgangspunkt meiner ganzen künftigen Entwicklung gewesen zu sein. Die Schätze einer neuen, schönen Welt wurden mir zu Füßen gelegt, und auf Schritt und Tritt empfing ich erheiternde und belehrende Eindrücke. Ich lebte selbst in allen Dingen mit. Ich saß keinen Augenblick still; mein Leben war so voller Bewegung wie das jener kleinen Insekten, deren ganzes Dasein sich im Lauf eines Tages abspielt. Ich begegnete vielen Menschen, die sich mit mir unterhielten, indem sie die Worte in meine Hand buchstabierten; in der freundschaftlichen Atmosphäre stiegen Gedanken auf, um sich mit Gedanken anderer zu kreuzen – und es geschah ein Wunder! Die öden Strecken, die meinen Geist von dem meiner Mitmenschen getrennt hatten, bedeckten sich mit Blüten wie ein Rosenstrauch.

Die Herbstmonate brachte ich mit meiner Familie in unserem Landhaus zu, das auf einem Berg ungefähr vierzehn Meilen von Tuscumbia entfernt lag. Es hieß Fern Quarry, weil sich in seiner Nähe ein jetzt längst aufgegebener Kalkbruch befunden hatte. Drei muntere, hoch oben in den Felsen entspringende Bäche durchströmten den Bruch, hier ruhig fließend, dort in sprudelnden Kaskaden schäumend, wo die Felsen ihnen den Weg zu versperren versuchten. Der Eingang war mit Farnkräutern bedeckt, die die Kalksteinschichten vollständig überwucherten. Der übrige Teil des Berges war dicht bewaldet. Hier wuchsen hohe Eichen und mächtige Tannen mit Stämmen gleich moosigen Säulen, von deren Zweigen Efeu und Misteln herunterhingen, ebenso Persimonenbäume, deren Wohlgeruch jeden Winkel des Waldes durchdrang – ein verlockendes, duftendes Etwas, das das Herz erfreute. Stellenweise zogen sich wilde

Weinreben von Baum zu Baum und bildeten Lauben, die der Lieblingsaufenthalt von Schmetterlingen und summenden Insekten waren. Es war ein Genuß, sich am späten Nachmittag unter den grünen Gewölben und in den Irrgängen dieses Waldes zu verlieren und den kühlen, würzigen Duft einzuatmen, der bei Sonnenuntergang aus der Erde emporstieg.

Unser Landhaus war eine Art Jagdhütte, schön auf dem Gipfel des Berges zwischen Eichen und Fichten gelegen. Die kleinen Zimmer befanden sich zu beiden Seiten einer langen, offenen Halle. Rings um das Haus lief eine große Veranda, zu der die Bergwinde alle Wohlgerüche des Waldes herübertrugen. Auf dieser Veranda brachten wir den größten Teil des Tages zu – hier arbeiteten, aßen und spielten wir. An der hinteren Tür des Hauses erhob sich ein mächtiger Nußbaum, um den herum Stufen führten, und vorn standen die Bäume so nahe, daß ich sie berühren und fühlen konnte, wenn der Wind ihre Zweige hin und her bewegte oder das Laub in den Herbststürmen zu Boden wirbelte.

Wir hatten viel Besuch in Fern Quarry. Abends spielten die Männer am Feuer Karten und vertrieben sich die Zeit mit Gesprächen und Sport. Sie erzählten Wunderdinge von ihren Jagden auf Vögel, Fische und allerlei Wild – wie viele wilde Truthähne und Enten sie geschossen, was für Forellen sie gefangen und wie sie die schlauesten Füchse und die klügsten Opossums überlistet und die schnellsten Hirsche eingeholt hatten, bis ich der Überzeugung war, daß sicherlich Löwen, Bären und die übrigen Raubtiere allesamt diesen gerissenen Jägern keinen Widerstand leisten könnten. Auf morgen zur Jagd! lautete ihr Gutnachtgruß, wenn sich der Kreis der fröhlichen Gesellschaft auflöste. Die Männer schliefen auf improvisierten Lagern in der Halle vor unserer Tür, und ich konnte das tiefe Atmen der Jäger und der Hunde erraten.

Bei Tagesanbruch wurde ich durch den Geruch von Kaffee, das Klirren von Gewehren und die schweren Tritte der Männer geweckt. Ebenso konnte ich das Stampfen ihrer Pferde spüren, die unter den Bäumen angebunden waren, wo sie die ganze Nacht gestanden hatten, laut wiehernd und ungeduldig das Loskoppeln erwartend. Endlich schwangen sich die Männer auf ihre Pferde und, wie es in alten Liedern heißt, «fort trabten die Rosse, mit klirrendem Zaumzeug, unter Peitschengeknall und Hundegebell» und «die Jäger mit lautem Hussa- und Hallorufen».

Im Laufe des Vormittags trafen wir die Vorbereitungen für das Jagdessen. Ein Feuer wurde auf dem Boden eines tiefen Loches, das in die Erde gegraben war, angezündet, große Scheite wurden kreuzweise darübergelegt und die Fleischstücke an diesen aufgehängt oder an Spießen gebraten. Um das Feuer herum kauerten Schwarze und verscheuchten die Fliegen mit langen Zweigen. Der würzige Duft des Fleisches machte mich hungrig, lange bevor die Tische gedeckt waren.

Waren die Vorbereitungen kurz vor dem Abschluß, kehrten die Teilnehmer der Jagd in Gruppen von zwei oder drei zurück, die Männer erhitzt und müde, die Pferde mit Schaum bedeckt, die abgehetzten Hunde keuchend und niedergeschlagen – ohne ein Stück Jagdbeute! Jeder erklärte, er habe wenigstens einen Hirsch gesehen und das Tier sei ihm auch ganz nahe gekommen; so eifrig aber auch die Hunde das Wild verfolgt hatten, so genau die Schützen gezielt haben mochten – beim Abfeuern des Gewehrs war kein Hirsch mehr zu erblicken. Die Jäger hatten ebenso viel

Glück gehabt wie der kleine Junge, der erklärte, er habe beinahe ein Kaninchen gesehen – er habe dessen Spur entdeckt. Die Gesellschaft vergaß bald ihre Enttäuschung, und wir setzten uns zu Tisch, freilich nicht zum Wildbretschmaus, wohl aber zu einem zahmeren Mahl von geröstetem Kalb- und Schweinefleisch.

Eines Sommers hatte ich mein Pony mit nach Fern Quarry genommen. Ich brachte viele meiner glücklichsten Stunden auf seinem Rücken zu. Gelegentlich, wenn es ganz ungefährlich war, ließ meine Lehrerin die Zügel los, und dann ging Pony gemächlich weiter oder machte nach Belieben halt, um Gras abzurupfen oder am Laub der an der Seite des schmalen Weges stehenden Bäume zu knabbern.

An den Vormittagen, an denen ich keine Lust hatte auszureiten, machten meine Lehrerin und ich nach dem Frühstück einen Spaziergang in die Wälder und verloren uns gern inmitten der Bäume und Weinranken, ohne einen anderen Weg unter den Füßen zu haben als die von Kühen und Pferden getretenen Pfade. Bisweilen ging ich mit Mildred und meinen kleinen Vettern auf Dattelpflaumensuche. Ich aß sie nicht, liebte aber ihren Duft und freute mich, wenn ich sie unter Laub und Gras entdeckte. Auch Nüsse sammelten wir, und ich half beim Auskernen der Haselnüsse sowie beim Zerschlagen der Schalen der Hickory- und Walnüsse – der großen, süßen Walnüsse.

Dem Fuß des Berges entlang lief eine Eisenbahn, und die Kinder beobachteten das Vorbeifahren der Züge. Mitunter schreckte uns ein durchdringendes Pfeifen auf, dann erzählte mir Mildred in großer Aufregung, daß sich eine Kuh oder ein Pferd auf die Schienen verirrt habe. Ungefähr eine Meile entfernt befand sich eine Eisenbahnbrücke, die einen tiefen Abgrund überspannte. Es war sehr schwierig, sie zu überqueren; die Balken standen weit auseinander und waren so schmal, daß man wie auf Messerschneiden ging. Ich hatte die Brücke nie benutzt, bis eines Tages Mildred, Miss Sullivan und ich uns in den Wäldern verirrt hatten und wir stundenlang umherwanderten, ohne einen Pfad zu finden.

Plötzlich streckte Mildred ihre kleine Hand aus und rief: «Dort ist die Brücke.» Uns wäre jeder andere Weg lieber gewesen, aber es war spät, und die Dunkelheit brach schon herein, und die Brücke bedeutete eine Abkürzung. Ich mußte mit meinen Füßen nach den Schwellen tasten, aber ich hatte keine Angst und schritt tapfer vorwärts, bis auf einmal aus der Ferne ein schwaches Puff-puff ertönte.

«Ich sehe den Zug!» rief Mildred, und in den nächsten Minuten würde er uns erfaßt haben, wenn wir nicht auf die Kreuzbalken hinuntergeklettert wären, während er über unsere Köpfe wegbrauste. Ich fühlte den heißen Dampf der Lokomotive in meinem Gesicht, und der Rauch und die Asche erstickten uns beinahe. Als der Zug vorüberrollte, schwankte die Brücke so, daß ich glaubte, wir würden in die Schlucht hinunterstürzen. Mit Müh und Not gelangten wir wieder auf das Geleise. Lange nach Einbruch der Dunkelkeit erreichten wir das Haus und fanden es leer; die ganze Familie war ausgezogen, um uns zu suchen!

12

Nach meinem ersten Besuch in Boston brachte ich fast jeden Winter im Norden zu. Einmal besuchte ich ein Dorf in Neuengland mit zugefrorenen Seen und weiten Schneefeldern. Zum erstenmal lernte ich den Zauber einer verschneiten Landschaft kennen.

Ich erinnere mich noch, wie erstaunt ich war, als ich entdeckte, daß eine geheimnisvolle Hand das Laub von Bäumen und Sträuchern gestreift und nur hier und da ein vertrocknetes Blatt zurückgelassen hatte. Die Vögel waren fortgezogen, und ihre leeren Nester auf den kahlen Bäumen waren mit Schnee gefüllt. Der Winter lag auf Hügeln und Feldern. Die Erde schien unter seiner eisigen Berührung erstarrt zu sein; selbst das Leben der Bäume hatte sich bis in die Wurzeln hinabgeflüchtet und lag, in der Finsternis zusammengekrümmt, in festem Schlaf. Alles Leben schien erstorben zu sein, und selbst wenn die Sonne herauskam, war der Tag

> Trüb und kalt,
> Als seien seine Adern saftlos und alt;
> Die Sonne erhob sich matt und schwer
> Und warf einen müden Blick über Land und Meer.

Das dürre Gras und die Sträucher waren in einen Wald von Eiszapfen verwandelt.

Dann kam ein Tag, an dem die scharfe Luft Schnee ankündigte. Wir eilten ins Freie, um zu fühlen, wie die ersten zarten Flocken niedersanken. Stunde um Stunde schwebten sie geräuschlos und weich aus ihrer luftigen Höhe zur Erde herab. Eine Schneenacht breitete sich über die Welt aus, und am Morgen war die Landschaft fast nicht wiederzuerkennen. Alle Wege waren verweht, alle Landmarken verschwunden – ringsum eine Schneewüste mit vereinzelt emporragenden Bäumen.

Am Abend erhob sich ein Wind aus Nordost, und die Flocken wirbelten in rasendem Tanz durcheinander. Wir saßen um den großen Herd herum, erzählten uns Geschichten und waren ausgelassen; wir vergaßen, daß wir uns inmitten einer trostlosen Einöde befanden, abgeschlossen von jeder Verbindung mit der Außenwelt. Während der Nacht steigerte sich die Gewalt des Sturmes derart, daß er uns mit Furcht erfüllte. Die Dachsparren knarrten und stöhnten, und die Zweige der das Haus umgebenden Bäume ächzten und schlugen gegen die Fenster, während der Sturm über die Landschaft raste.

Am dritten Tag nach Beginn des Unwetters hörte das Schneetreiben auf. Die Sonne brach durch die Wolken und beschien eine weite, wellige Ebene. Hohe Dämme, phantastisch gestaltete Schneehaufen und undurchdringliche Schneewehen zogen sich in allen Richtungen hin.

Schmale Pfade wurden durch die Schneewehen geschaufelt. Ich zog meinen Mantel an, setzte meinen Hut auf und ging hinaus. Die Luft war so scharf, daß meine Wangen wie Feuer brannten. Bald die gebahnten Pfade benutzend, bald unseren Weg allein durch die niederen Wehen bahnend, gelangten wir endlich zu einem Fichtenwald. Die Bäume ragten starr und weiß gleich Figuren aus einem Marmorfries empor. Die Fichtennadeln verströmten heute keinen Duft. Die Strahlen der Sonne fielen auf die Bäume, so daß die Zweige wie Diamanten funkelten und viele von ihnen abbrachen, sobald wir sie berührten. So blendend war das Licht, daß es sogar die Finsternis, die auf meinen Augen lag, durchdrang.

Mit der Zeit wurden die Schneewehen immer kleiner, aber bevor sie gänzlich verschwunden waren, kam ein neues Unwetter, so daß ich kaum einmal im Winter die bloße Erde unter meinen Füßen fühlte. Allmählich verloren die Bäume ihre Eishülle, und die Binsen und Sträucher traten in ihrer ursprünglichen Form wieder hervor, aber der See lag trotz hellem Sonnenschein gefroren und hart da.

Unser Lieblingsvergnügen in diesem Winter war Schlittenfahren. Stellenweise erhob sich das Ufer des Sees steil über den Wasserspiegel. Diese jähen Abhänge benützten wir zu unseren Abfahrten. Wir setzten uns auf unsere Handschlitten, ein Junge versetzte uns einen Stoß, und fort flogen wir! Wir durchschnitten Schneewehen, flogen über Vertiefungen hinweg, sausten auf den See hinaus und schossen jauchzend über dessen schimmernde Oberfläche hin bis zum anderen Ufer. Für einen wilden, seligen Augenblick zerbrachen wir die Kette, die uns an die Erde schmiedet. Wir reichten den Winden die Hand und fühlten uns göttergleich.

13

Im Frühjahr 1890 lernte ich sprechen. Ich hatte stets ein starkes Verlangen in mir gefühlt, hörbare Laute hervorzubringen. Ich pflegte Töne auszustoßen, wobei ich eine Hand an den Kehlkopf legte, während die andere den Bewegungen der Lippen folgte. Ich freute mich über alles, was ein Geräusch machte, und liebte es, zu fühlen, wie die Katze schnurrte und der Hund bellte. Ebenso legte ich mit Vorliebe die Hand an den Kehlkopf eines Sängers oder auf ein Klavier, auf dem gespielt wurde. Ehe ich Augenlicht und Gehör verlor, hatte ich bereits zu sprechen begonnen, aber nach meiner Krankheit hörte ich damit auf, weil ich nicht mehr hören konnte. Ich pflegte den ganzen Tag auf dem Schoß meiner Mutter zu sitzen und meine Hände an ihr Gesicht zu halten, weil ich gerne den Bewegungen ihrer Lippen folgte; auch ich bewegte meine Lippen, obgleich ich vergessen hatte, was Sprechen war. Meine Familie behauptete, daß ich auf natürliche Art lachte und weinte, und eine Zeitlang brachte ich allerlei Töne und Wortbestandteile hervor, nicht zur Verständigung, sondern weil ich die Notwendigkeit in mir fühlte, meine Stimmorgane zu üben.

Ich hatte längst erkannt, daß meine Umgebung sich anderer Verständigungsmittel bediente als ich, und schon ehe ich erfuhr, daß ein gehörloses Kind sprechen lernen kann, war ich mir meiner Unzufriedenheit mit den Verständigungsmethoden, über die ich verfügte, bewußt. Wer gänzlich auf das Fingeralphabet angewiesen ist, fühlt sich immer eingeengt. Dieses Gefühl begann mich mit einem beunruhigenden, drängenden Bewußtsein eines Mangels, der beseitigt werden müsse, zu erfüllen. Meine Gedanken schwangen sich oft wie Vögel gegen den Wind auf, und ich übte meine Lippen und meine Stimme unbeirrt weiter. Freunde suchten mich von diesen Bemühungen abzubringen, weil sie fürchteten, sie würden nur zu einer Enttäuschung führen. Aber ich blieb beharrlich dabei, und bald geschah etwas, das schließlich zur Beseitigung des scheinbar unüberwindlichen Hindernisses führen sollte: Ich erfuhr die Geschichte von Ragnhild Kaata.

Im Jahre 1890 besuchte uns Mrs. Lamson, eine von Laura Bridgmans Lehrerinnen, die soeben von einer Reise nach Schweden und Norwegen zurückgekehrt war. Sie erzählte von Ragnhild Kaata, einem gehörlosen und blinden Kind in Norwegen, das sprechen gelernt hatte. Mrs. Lamson hatte kaum ihre Erzählung von dem Erfolg dieses Mädchens beendet, als ich Feuer und Flamme war. Ich war fest entschlossen, sprechen zu lernen. Ich wollte keine Ruhe geben, bis mich meine Lehrerin zu Miss Sarah Fuller, der Leiterin der Horace-Mann-Schule, mitnahm, um diese zu bitten, ihr mit Rat und Tat beizustehen. Sarah Fuller erbot sich, mich persönlich zu unterrichten. Wir begannen am 26. März 1890.

Miss Fullers Methode war folgende: Sie legte meine Hand leicht über ihr Gesicht und ließ mich die Stellung ihrer Zunge und ihrer Lippen fühlen, wenn sie einen Laut hervorbrachte. Ich war voll Eifer, ihr jede Bewegung nachzumachen, und binnen einer Stunde hatte ich sechs Elemente der Sprache erlernt: m, p, a, s, t, i. Miss Fuller erteilte mir im ganzen elf Unterrichtsstunden. Ich werde nie das Staunen und die Freude vergessen, die mich erfüllten, als ich meinen ersten zusammenhängenden Satz aussprach: «It is warm.» (Es ist warm.) Es waren nur abgerissene, gestammelte Silben, aber es war menschliche Sprache. Meine Seele, die sich einer neuen Kraft bewußt geworden war, war von der Knechtschaft erlöst und fand durch diese bruchstückhaften Sprachsymbole den Zugang zu Erkenntnis und Glauben.

Kein gehörloses Kind, das je versucht hat, Worte auszusprechen, die es nie gehört hat – um aus dem Kerker des Schweigens herauszukommen, in dem kein Ton der Liebe, kein Vogelsang, keine Musik je die Stille unterbricht –, kann den Schauer des Erstaunens, die Freude der Entdekkung vergessen, die es übermannten, als es sein erstes Wort aussprach. Nur jemand, der Ähnliches erfahren hat, kann den Eifer ermessen, mit dem ich zu meinen Spielsachen, zu Steinen, Bäumen, Vögeln und stummen Tieren sprach, oder das Entzücken nachfühlen, das ich empfand, wenn Mildred auf meinen Ruf zu mir eilte oder mein Hund meinem Befehl gehorchte. Es war ein unsäglicher Gewinn für mich, in tönenden Worten sprechen zu können, die keiner Übertragung bedürfen. Wenn ich sprach, schwangen sich aus meinen Worten glückliche Gedanken empor, die sich vielleicht vergeblich bemüht hätten, sich meinen Fingern zu entringen.

Aber man darf nicht glauben, daß ich in dieser kurzen Zeit wirklich sprechen gelernt hätte. Ich hatte nur die Elemente der Sprache erlernt; Miss Fuller und Miss Sullivan konnten mich verstehen, aber die meisten Leute hätten von hundert Wörtern nicht ein einziges verstanden. Auch ist es nicht wahr, daß ich nach Erlernung dieser Elemente alles übrige aus eigener Kraft erreichte. Ohne Miss Sullivans Genialität, ohne ihre unermüdliche Ausdauer und Hingabe hätte ich mich der natürlichen Sprache nie so weit nähern können. Am Anfang mühte ich mich Tag und Nacht ab, ehe ich mich selbst meinen nächsten Freunden verständlich machen konnte, dann aber bedurfte ich ständig Miss Sullivans Hilfe bei meinen Bemühungen, alle Laute deutlich zu artikulieren und in ihren vielfältigen Zusammensetzungen miteinander zu verbinden. Jeder Gehörlosenlehrer weiß, was dies bedeutet, und nur ein solcher kann die Schwierigkeiten würdigen, mit denen ich zu kämpfen hatte. Beim Ablesen von den Lippen meiner Lehrerin war ich gänzlich von meinen Fingern abhängig; ich mußte zur Wahrnehmung der Schwingungen des Kehlkopfes, der Bewegungen des Mundes und des Gesichtsausdruckes den Tastsinn zu Hilfe nehmen, und oft täuschte sich dieser Sinn. In solchen Fällen war ich gezwungen, die Wörter oder Sätze oft stundenlang zu wiederholen, bis ich den entsprechenden Klang in meiner eigenen Stimme fühlte. Meine Arbeit bestand in Übung, Übung, Übung. Entmutigung und Ermüdung bedrückten mich oft, aber im nächsten Augenblick spornte mich der Gedanke, daß ich meinen Lieben zu Hause bald zeigen könnte, was ich erreicht hatte, von neuem an, und ich stellte mir ihre Freude vor.

«Meine kleine Schwester wird mich jetzt verstehen können», war mein Gedanke, der stärker war als alle Hindernisse. Ich pflegte voller Begeisterung zu wiederholen: «Ich bin jetzt nicht mehr stumm.» Ich konnte nicht verzweifeln, weil ich mir die Freude, zu meiner Mutter zu sprechen und ihr die Antworten an den Lippen ablesen zu können, lebhaft vorstellte. Es überraschte mich, wieviel leichter es war zu sprechen, als mit den Fingern zu buchstabieren, und ich gab das Fingeralphabet als Verständigungsmittel auf; nur Miss Sullivan und ein paar Freunde brauchten es noch, wenn sie sich mit mir unterhielten, denn es ist bequemer und rascher als Lippenlesen.

Es ist hier vielleicht der geeignete Ort, etwas über den Gebrauch des Fingeralphabets zu sagen. Wer mir mittels seiner Hand vorliest oder mit mir spricht, bedient sich in der Regel des einhändigen Fingeralphabets. Ich lege meine Hand so leicht auf die Hand des Sprechenden, daß keine ihrer Bewegungen behindert wird. Ich fühle ebensowenig jeden Buchstaben, wie andere beim Lesen einzelne Buchstaben sehen. Ständige Übung macht die Finger äußerst biegsam, und einige meiner Freunde buchstabieren beinahe so rasch, wie jemand auf der Schreibmaschine schreibt. Das bloße Buchstabieren geht ebenso automatisch vor sich wie das Schreiben.

Als ich mir das Sprechen angeeignet hatte, konnte ich es kaum erwarten, nach Hause zu kommen. Während der Rückreise unterhielt ich mich ununterbrochen mit Miss Sullivan, nicht, weil ich etwas zu erzählen hatte, sondern um mich bis zur letzten Minute zu vervollkommnen. Fast ehe ich es ahnte, hielt der Zug auf dem Bahnhof in Tuscumbia, und auf dem Bahnsteig stand die ganze Familie. Meine Augen füllen sich noch jetzt mit Tränen, wenn ich daran denke, wie mich meine Mutter sprachlos und zitternd vor Freude an sich drückte und auf jede Silbe, die ich sprach, atemlos lauschte, während die kleine Mildred meine freie Hand ergriff, sie küßte und umhertanzte und mein Vater seinen Stolz und seine Liebe durch tiefes Schweigen bekundete. Es war, als sei Jesajas Prophezeiung an mir in Erfüllung gegangen: «Die Berge und die Hügel werden vor Dir Lieder anstimmen, und alle Bäume des Feldes werden vor Freude in ihre Hände klatschen.»

14

Den Sommer und Winter 1893/94 verlebte ich bei den Meinigen in Alabama. Als der Boden sich mit herbstlichen Blättern bedeckte und die würzig duftenden Trauben, die die Laube am anderen Ende des Gartens bedeckten, unter dem Einfluß der Sonnenwärme zur Reife kamen, begann ich in Brailleschrift eine Skizze über mein Leben abzufassen, die in «The Youth's Companion» abgedruckt wurde. Ich war damals zwölf Jahre alt.

Die Hauptereignisse des Jahres 1893 waren meine Reise nach Washington zur Amtseinführung von Präsident Cleveland, mein Besuch der Niagarafälle und der Weltausstellung in Chicago. Dadurch wurde mein Unterricht fortwährend unterbrochen und oft viele Wochen vollständig vernachlässigt.

Die Niagarafälle besuchten wir im März 1893. Es läßt sich schwer in Worte fassen, was ich empfand, als ich auf der die Fälle überragenden Platte stand und die Luft erzittern und die Erde erbeben fühlte.

Es scheint vielen seltsam, daß mich die Wunder und Schönheiten der Niagarafälle beeindrucken konnten. Sie fragen mich stets: «Wie können Ihnen diese Schönheit und diese Musik etwas bedeuten, wo Sie doch weder die Brandung sehen noch ihr Tosen hören können?» – Sie haben im allerbuchstäblichsten Sinn die höchste Bedeutung für mich. Ich kann diese jedoch ebensowenig ergründen oder definieren, wie ich Liebe, Religion oder Güte ergründen oder definieren kann.

Im Sommer 1893 besuchten wir in Begleitung von Dr.

Alexander Graham Bell die Weltausstellung in Chicago. Ich erinnere mich noch heute mit durch keinen Mißklang gestörter Freude an jene Tage, an denen tausend kindliche Wünsche Wirklichkeit wurden. Jeden Tag machte ich in meiner Phantasie eine Reise um die Welt und sah unzählige Wunderwerke aus den entlegensten Teilen der Erde: Staunenswerte Erfindungen, Schätze der Industrie, Handwerk und menschliche Errungenschaften glitten unter meinen Fingerspitzen vorüber.

Ein Teil der Ausstellung hatte es mir besonders angetan. Hier schienen sich die Märchen aus «Tausendundeiner Nacht» verkörpert zu haben. Hier, in einem Bazar, befand sich das Indien meiner Bücher mit seinen Schiwas und seinen Elefantengöttern; hier war das Land der Pyramiden in ein Modell von Kairo mit seinen Moscheen und langen Kamelkarawanen zusammengedrängt; dort lagen die Lagunen von Venedig, auf denen wir jeden Abend in einer Gondel umherfuhren, wenn die Ausstellungsgebäude und die Springbrunnen illuminiert waren.

Auch an Bord eines Wikingerschiffes ging ich, das in kurzer Entfernung von der kleinen Werft vor Anker lag. Ich war schon vorher, in Boston, auf einem Kriegsschiff gewesen, und es war interessant zu sehen, wie der Seemann auf diesem Wikingerschiff einst alles in allem war – wie er dahinsegelte und Sturm und Flaute mit demselben unverzagten Herzen meisterte, wie er mit Verstand und Muskeln arbeitete, selbstbewußt, sich selbst genügend, anstatt sich durch geistlose Maschinen in den Hintergrund drängen zu lassen, wie es heutzutage der Fall ist. So ist es stets: «Der Mensch ist nur dem Menschen interessant.»

Der Präsident der Weltausstellung gestattete mir, die ausgestellten Gegenstände zu berühren, und mit ebenso unersättlicher Gier, wie sie Pizarro empfunden haben muß, als er von den Schätzen Perus Besitz ergriff, betastete ich die Herrlichkeiten der Ausstellung. Alles fesselte mich, besonders die französischen Bronzeskulpturen. Sie waren so lebensvoll, daß ich glaubte, es seien himmlische Visionen, die der Künstler aufgefangen und in irdische Formen gebannt hatte.

Im Ausstellungsteil Südafrika lernte ich viel über Diamantenabbau. Wo es mir irgend möglich war, berührte ich die Maschinen, während sie im Gang waren, um eine klare Vorstellung vom Abwägen, Schneiden und Schleifen der Steine zu bekommen. Ich suchte in der Wäsche nach einem Diamanten und fand ihn auch wirklich – den einzigen echten Diamanten, heißt es, der damals in den Vereinigten Staaten gefunden worden ist.

Dr. Bell begleitete uns überall hin und beschrieb mir in der ihm eigenen, charmanten Weise die interessantesten Gegenstände. In der Ausstellung über Elektrizität begutachteten wir Telephone, Autophone, Phonographen und andere Erfindungen, und er erklärte mir, wie eine Botschaft durch Drähte in die Welt gesandt wird, die Raum und Zeit überlisten. Wir besuchten auch die anthropologische Ausstellung, wo mich am meisten die mexikanischen Altertümer interessierten, die groben Steinwerkzeuge, die so oft die einzige Erinnerung an ein Zeitalter bilden, die einfachen Andenken ungebildeter Naturkinder (wie ich glaubte, als ich sie betastete), die die zu Staub zerfallenen Monumente von Königen und Weisen oft überdauern. Ebenso fesselten die ägyptischen Mumien meine Aufmerksamkeit, vor deren Berührung ich jedoch zurückschreckte. Von diesen Altertümern habe ich mehr über den Fortschritt der Menschheit gelernt, als ich bis dahin je vernommen und gelesen hatte.

Alle diese Erfahrungen bereicherten meinen Wortschatz mit einer Menge neuer Ausdrücke, und in den drei Wochen, die ich dem Besuch der Ausstellung widmete, machte ich einen gewaltigen Fortschritt, von meinem kindlichen Interesse an Märchen und Spielzeug hin zur Realität und zum Ernst der Alltagswelt.

15

Vor Oktober 1893 hatte ich die verschiedensten Fächer mehr oder weniger systematisch studiert. Ich las Werke über griechische, römische und amerikanische Geschichte. Ich besaß eine französische Grammatik in Blindendruck, und da ich schon etwas Französisch verstand, machte ich oft kurze Übersetzungen im Kopf, in denen ich die neuen Wörter anwandte, wie sie mir gerade in den Sinn kamen, ohne mich im geringsten um Regeln und sonstige Äußerlichkeiten zu kümmern. Ich suchte sogar die französische Aussprache ohne Hilfe zu erlernen, da ich alle Buchstaben und Laute in dem Buch erklärt fand. Natürlich war das beinahe verlorene Liebesmüh; aber ich hatte an regnerischen Tagen wenigstens etwas zu tun, und ich erwarb mir genügend Kenntnisse in Französisch, um mit Genuß La Fontaines «Fables», Molières «Le médecin malgré lui» und Stellen aus Racines «Athalie» lesen zu können.

Beträchtliche Zeit widmete ich auch der Vervollkommnung meiner Sprache. Ich las Miss Sullivan laut vor und rezitierte auswendig gelernte Stellen aus meinen Lieblingsdichtern, während sie meine Aussprache verbesserte und auf richtige Betonung und Modulation achtete. Doch erst im Oktober, als ich mich von den Strapazen und den Aufregungen meines Besuches der Weltausstellung erholt hatte, begann ich zu bestimmten Stunden Unterricht in einzelnen Fächern zu nehmen.

Miss Sullivan und ich waren zu jener Zeit bei William Wade und seiner Familie in Hulton, Pennsylvania, auf Besuch. In der Nähe wohnte Mr. Irons, ein tüchtiger Lateiner, und es wurde abgemacht, daß ich bei ihm Unterricht nehmen sollte. Er war ein Mann von seltener Milde und weitem Blick. Er unterrichtete mich hauptsächlich in lateinischer Grammatik; oft half er mir auch beim Rechnen, das ich ebenso mühsam wie langweilig fand. Auch Tennysons «In Memoriam» las Mr. Irons mit mir. Ich hatte schon viele Bücher gelesen, aber nie von einem kritischen Standpunkt aus. Jetzt lernte ich zum erstenmal einen Schriftsteller wirklich verstehen, ich lernte einen Stil kennen, wie man den Handschlag eines Freundes kennt.

Anfangs ging ich mit ziemlichem Widerstreben an das Studium der lateinischen Grammatik. Es schien mir widersinnig, mit der Zergliederung jedes vorkommenden Wortes Zeit zu vergeuden – Nomen, Genitiv, Singular, Femininum –, wenn seine Bedeutung klar auf der Hand lag. Nach meiner Auffassung war dies, als hätte ich mein Kätzchen beschreiben müssen, um es zu erkennen: Stamm: Wirbeltiere; Klasse: Säugetiere; Ordnung: Raubtiere; Familie: Katzen; Art: Hauskatze; Individuum: Tabby. Als ich aber tiefer in die Sprache eindrang, bekam ich mehr Interesse daran und erkannte ihre Schönheit. Es machte mir Spaß, Stellen in lateinischen Werken zu lesen, indem ich mir die Wörter aussuchte, die ich verstand, und mich bemühte, den Sinn des Ganzen zu erraten. Es gibt meiner Meinung nach nichts Schöneres als die flüchtigen, fließenden Bilder und Gedanken einer Sprache – Vorstellungen, die gleich Wolken am Himmel, in phantastischer Gestalt und Färbung am Geist vorüberschweben –, in die man soeben begonnen hat einzudringen.

Miss Sullivan saß während der Lektionen neben mir, buchstabierte mir in die Hand, was Mr. Irons sagte, und achtete auf die Wörter, die mir neu waren. Als ich nach Alabama zurückkehrte, konnte ich mit Cäsars «De bello gallico» anfangen.

16

Im Sommer 1894 wohnte ich dem in Chautauqua stattfindenden Treffen der Amerikanischen Vereinigung zur Förderung der Ausbildung von Gehörlosen im Sprechen bei. Im Oktober sollte ich die Wright-Humason-Schule für Gehörlose in New York besuchen und eine gründliche Ausbildung im Sprechen und Lippenlesen bekommen. Darüber hinaus lernte ich in den zwei Jahren, in denen ich die Schule besuchte, Arithmetik, physikalische Geographie, Französisch und Deutsch.

Miss Reamy, meine Deutschlehrerin, verstand das Fingeralphabet, und nachdem ich mir einen kleinen Wortschatz angeeignet hatte, sprachen wir deutsch miteinander, sooft sich Gelegenheit bot; in wenigen Monaten konnte ich beinahe alles verstehen, was sie sagte. Vor Schluß des ersten Jahres las ich «Wilhelm Tell» mit größtem Genuß. In der Tat glaube ich, daß ich im Deutschen größere Fortschritte gemacht habe als sonst in einem Fach. Französisch fand ich schwieriger. Ich lernte es bei Mrs. Olivier, einer Französin, die das Fingeralphabet nicht kannte und die daher ihren Unterricht mündlich erteilen mußte. Ich konnte noch nicht geläufig von ihren Lippen ablesen, und meine Fortschritte waren infolgedessen bedeutend langsamer als im Deutschen. Ich versuchte jedoch abermals Molières «Le médecin malgré lui» zu lesen. Das Stück war sehr lustig; es gefiel mir aber nicht annähernd so gut wie Schillers «Wilhelm Tell».

Meine Fortschritte im Lippenlesen und Sprechen waren nicht so groß, wie meine Lehrerin und ich erwartet hatten. Mein Ehrgeiz ging dahin, so zu sprechen wie andere Menschen, und meine Lehrer waren in der Hinsicht sehr optimistisch. Doch trotz aller Anstrengung und Gewissenhaftigkeit erreichten wir unser Ziel nicht ganz. Ich glaube, wir hatten es zu hoch gesteckt, und eine Enttäuschung war daher unvermeidlich.

Die Arithmetik betrachtete ich noch immer als ein System von Fallgruben. Ich hielt mich auf dem gefährlichen Grat des Erratens und vermied das breite Tal des Denkens, was meine Lehrer und mich selbst unaufhörlich in Schwierigkeiten brachte. Wenn ich mich aufs Raten legte, so machte ich Sprünge in meinen Schlußfolgerungen, und dieser Fehler in Verbindung mit meinen körperlichen Gebrechen verschlimmerte alles.

Obgleich diese Enttäuschungen mich zuweilen ziemlich niederdrückten, lernte ich in anderen Fächern mit unermüdlicher Ausdauer, vor allem Geographie. Die Geheimnisse der Natur kennenzulernen faszinierte mich.

Ich verlebte zwei glückliche Jahre in New York, und noch jetzt blicke ich gern auf sie zurück. Die Lehrer an der Wright-Humason-Schule waren stets darauf bedacht, ihren Schülern dieselben Bildungschancen zu bieten, die hörende Kinder haben, ihre Talente und passiven, schlummernden Erinnerungen zu wecken und sie aus den beschränkten Verhältnissen, in die ihr Schicksal sie versetzt hat, zu befreien.

17

Im Oktober 1896 trat ich ins Mädchengymnasium in Cambridge ein, um mich für das Radcliffe College vorzubereiten.

Als ich noch ein kleines Mädchen war, besuchte ich einmal Wellesley und überraschte meine Familie mit der Ankündigung: «Später gehe ich auf die Universität, und zwar nach Harvard!» Auf die Frage, warum ich nicht nach Wellesley gehen wollte, antwortete ich, dort studierten nur Mädchen.

Der Gedanke, die Universität zu besuchen, schlug in meinem Herzen Wurzeln und wurde zum ernstlichen Verlangen, mit sehenden und hörenden Mädchen in den Wettbewerb um einen akademischen Grad zu treten, den Vorbehalten von seiten vieler aufrichtiger und verständiger

Freunde zum Trotz. Als ich New York verließ, war dieser Gedanke zur festen Absicht geworden. Meine Familie beschloß, mich nach Cambridge zu schicken. Dies war der erste Schritt auf dem Weg nach Harvard und der Erfüllung meiner kindlichen Erklärung.

Miss Sullivan sollte die Unterrichtsstunden am Gymnasium in Cambridge mit mir besuchen, um mir den Lehrstoff durch das Fingeralphabet zu vermitteln.

Natürlich hatten meine Lehrer nur Erfahrung im Unterricht nichtbehinderter Schülerinnen, und ich konnte nur durch Lippenlesen mit ihnen kommunizieren. Meine Fächer im ersten Jahr waren englische Geschichte, englische Literatur, Deutsch, Latein, Arithmetik, lateinischer Aufsatz und manchmal Übersetzungen. Bis dahin hatte ich noch nie einen Kursus in der Absicht mitgemacht, mich für die Universität vorzubereiten, aber ich war in Englisch durch Miss Sullivan gut eingeübt worden, und meine Lehrer sahen bald, daß ich in diesem Fach außer einem kritischen Studium der vom College vorgeschriebenen Literatur keine weitere Unterweisung nötig hatte. Außerdem hatte ich gute Fortschritte in Französisch gemacht und sechs Monate Lateinunterricht erhalten; das Fach aber, in dem ich am bewandertsten war, war Deutsch.

Trotz diesen Vorteilen gab es doch ernstliche Hindernisse, die meinen Fortschritt verlangsamten. Miss Sullivan konnte mir nicht alles, was die Bucher verlangten, in die Hand buchstabieren, und es dauerte trotz der Anstrengungen meiner Freunde in London und Philadelphia sehr lange, bis meine Lehrbücher in Blindenschrift hergestellt waren.

Eine Zeitlang mußte ich die lateinischen Texte sogar selbst in Brailleschrift übertragen, wenn ich mit den übrigen

Mädchen Schritt halten wollte. Meine Lehrer wurden mit meiner unvollkommenen Sprache bald genügend vertraut, um meine Fragen rasch zu beantworten und Fehler zu verbessern. In den Stunden konnte ich keine Aufzeichnungen machen und mich auch nicht an den schriftlichen Übungen beteiligen; aber ich schrieb alle meine Aufsätze und Übersetzungen zu Hause mit der Schreibmaschine.

Jeden Tag begleitete mich Miss Sullivan in die Klassenräume und buchstabierte mir mit nimmermüder Geduld alles, was die Lehrer sagten, in die Hand. In den Arbeitsstunden hatte sie auf alle Wörter zu achten, die mir noch unbekannt waren, und Notizen und Bücher, die ich nicht in Blindenschrift besaß, zu lesen und immer wieder zu lesen. Wie langwierig das alles war, kann man sich kaum vorstellen. Frau Gröte, meine Deutschlehrerin, und Mr. Gilman, der Schuldirektor, waren die einzigen Lehrer am Gymnasium, die das Fingeralphabet erlernten, um mich direkt unterrichten zu können. Niemand wußte besser als die liebe Frau Gröte selbst, wie langsam und mangelhaft ihr Buchstabieren war. Nichtsdestoweniger buchstabierte sie mir in ihrer Herzensgüte ihre Lektionen zweimal wöchentlich in besonderen Unterrichtsstunden her, um Miss Sullivan ein wenig zu entlasten. Obwohl alle freundlich und hilfsbereit gegen uns waren, gab es doch nur *eine* Hand, die die Plage in Genuß verwandeln konnte.

In jenem Jahr absolvierte ich Arithmetik, repetierte die lateinische Grammatik und las drei Kapitel aus Cäsars «De bello gallico». Im Deutschen las ich, teils mit Hilfe meiner Finger, teils mit Miss Sullivans Beistand, Schillers «Lied von der Glocke» und den «Taucher», Heines «Harzreise», «Aus dem Staat Friedrichs des Großen» von Freytag, Riehls «Fluch der Schönheit», Lessings «Minna von Barnhelm» und Abschnitte aus Goethes «Dichtung und Wahrheit». Ich las die deutschen Bücher mit Hochgenuß, vor allem Schillers wundervolle Lyrik, die Erzählung von Friedrich des Großen Heldentaten und Goethes Selbstbiographie. Es tat mir leid, als ich mit der «Harzreise» fertig war, einem Werk, das soviel Witz und so viele reizvolle Schilderungen von Weinbergen, murmelnden, im Sonnenschein dahineilenden Bächen und wilden Gebirgsgegenden, Schauplätzen alter Sagen und Legenden, den grauen Zeugen einer lange verschwundenen, phantasiebegabten Zeit enthält, Schilderungen, wie sie nur denen gelingen, die für die Natur «Gefühl, Liebe, Verlangen» ist.

Mr. Gilman unterrichtete mich einen Teil des Jahres in englischer Literatur. Zusammen lasen wir «Wie es euch gefällt», Burkes «Rede über die Versöhnung mit Amerika» und Macaulays «Leben Samuel Johnsons». Mr. Gilmans umfassende Überblicke über Geschichte und Literatur und seine Erläuterungen machten mir die Arbeit leichter und angenehmer, als sie es gewesen wäre, wenn ich nur mechanisch die Anmerkungen samt den im Klassenunterricht gegebenen notgedrungen kurzen Erklärungen nachgelesen hätte.

Am Gymnasium in Cambridge hatte ich zum erstenmal Kontakt zu sehenden und hörenden Mädchen meines Alters. Ich wohnte mit mehreren anderen zusammen in einem der hübschen, mit dem Gymnasium in Verbindung stehenden Häuser. Ich beteiligte mich an vielen Spielen meiner Schulkameradinnen, selbst an Blindekuh und Schneeballschlachten; ich machte lange Spaziergänge mit ihnen; wir besprachen unsere Hausaufgaben und lasen laut vor, was uns interessierte. Ein Teil der Mädchen erlernte das Fingeralphabet, so daß Miss Sullivan mir ihre Worte nicht zu wiederholen brauchte.

Zu Weihnachten besuchten mich meine Mutter und meine kleine Schwester. Mr. Gilman schlug vor, Mildred ebenfalls in seiner Schule aufzunehmen. So blieb Mildred bei mir in Cambridge, und sechs glückliche Monate hindurch waren wir fast stets zusammen. Zu meinen liebsten Erinnerungen gehören die Stunden, in denen wir gemeinsam lernten, und die Pausen, die wir zusammen verbrachten.

Meine erste Prüfung für das Radcliffe College legte ich in der Zeit vom 29. Juni bis zum 3. Juli 1897 ab. Die Fächer, die ich angegeben hatte, waren Deutsch, Französisch, Latein, Englisch sowie griechische und römische Geschichte, insgesamt neun Kurse. Ich bestand in allen Fächern – in Deutsch und in Englisch sogar «mit Auszeichnung».

Vielleicht ist hier eine Schilderung der Art und Weise, in der ich geprüft wurde, am Platze. Für die Prüfung standen sechzehn Stunden zur Verfügung, zwölf für die Grundkenntnisse und vier für die fortgeschrittenen Studienfächer. Die Prüfungsarbeiten wurden um neun Uhr an der Harvard-Universität ausgegeben und durch einen besonderen Boten zum Radcliffe College gebracht. Die Prüfungskandidatin war nicht ihrem Namen nach bekannt, sondern erhielt eine Nummer. Ich hatte Nr. 233; da ich aber eine Schreibmaschine benutzen mußte, konnte ich ohnehin nicht anonym bleiben.

Man hielt es für ratsam, mich in einem besonderen Zimmer zu prüfen, weil das Geräusch der Schreibmaschine die anderen Mädchen hätte stören können. Mr. Gilman teilte mir alle Aufgaben vermittels des Fingeralphabetes mit. Ein Mann wurde an die Tür gestellt, um jede Störung zu verhüten.

Am ersten Tag hatte ich Deutsch. Mr. Gilman saß neben mir und las mir die Aufgaben erst einmal im Zusammenhang vor, dann noch einmal Satz für Satz, wobei ich die Worte laut wiederholte, um ihm zu zeigen, daß ich ihn vollkommen verstanden hatte. Die Aufgaben waren schwer, und ich war sehr aufgeregt, als ich die Antworten auf der Maschine niederschrieb. Mr. Gilman buchstabierte mir in die Hand, was ich geschrieben hatte, ich machte die mir notwendig scheinenden Verbesserungen, und er fügte sie ein. Ich möchte hier erwähnen, daß mir eine solche Erleichterung bei keiner meiner weiteren Prüfungen mehr gewährt wurde. Im Radcliffe College liest mir niemand meine Antworten vor, nachdem ich sie niedergeschrieben habe, und ich habe somit keine Gelegenheit, Fehler zu verbessern, wenn ich fertig bin, ehe die Zeit um ist. In diesem Fall verbessere ich nur solche Versehen, an die ich mich in den mir bleibenden paar Minuten erinnern kann, und schreibe die Verbesserungen am Schluß der Arbeit nieder.

Mr. Gilman sandte meine schriftlichen Arbeiten an die Prüfungskommission mit einer Bescheinigung, daß ich, Kandidatin Nr. 233, die Arbeiten gemacht hätte.

Auch in den anderen Fächern ging die Prüfung in derselben Weise vonstatten. In keinem wurden mir so schwere Aufgaben gestellt wie im ersten. Ich erinnere mich, daß an dem Tag, an dem uns die lateinischen Aufgaben zugestellt wurden, Professor Schilling ins Zimmer trat und mir sagte, daß ich in Deutsch das Examen bestanden hätte. Dies gab mir neuen Mut, und ich ging mit leichterem Herzen und sicherer Hand an den Rest der Prüfung.

18

Bei Beginn des zweiten Schuljahres war ich voller Hoffnung und Vertrauen auf einen endgültigen Erfolg. Aber in den ersten Wochen stellten sich mir unvorhergesehene Schwierigkeiten in den Weg. Mr. Gilman hatte angeregt, daß ich in diesem Jahr hauptsächlich Mathematik treiben sollte. Ich erhielt Unterricht in Physik, Algebra, Geometrie, Astronomie, Griechisch und Latein. Leider waren viele von den Büchern, die ich brauchte, zu Beginn des Unterrichts noch nicht in Prägedruck fertig, und es fehlte mir daher das wichtigste Hilfsmittel zu einigen meiner Fächer. Die Klassen, die ich besuchte, waren sehr groß, und es war unmöglich für die Lehrer, mir Einzelunterricht zu geben. Miss Sullivan mußte mir alle Bücher vorlesen und mitteilen, was die Lehrer vortrugen, und zum erstenmal in elf Jahren schien es, als sei die liebe Hand der Aufgabe nicht gewachsen.

Ich mußte algebraische, geometrische und physikalische Aufgaben während des Unterrichts lösen; das war mir unmöglich, bis wir eine Brailleschreibmaschine kauften, mit deren Hilfe ich die nötigen Aufzeichnungen machen konnte. Mit eigenen Augen konnte ich den auf die Wandtafel gezeichneten geometrischen Figuren nicht folgen, und das einzige Mittel, mir eine klare Vorstellung von ihnen zu machen, bestand darin, sie auf einem Kissen mit Hilfe von geraden und gekrümmten Drähten nachzumachen. Die Buchstabenbezeichnungen der Figuren, die Hypothese und die Schlußfolgerung, die Konstruktion und den Gang des Beweises mußte ich im Kopf behalten. Mit einem Wort, in jedem Fach zeigten sich Schwierigkeiten. Zeitweilig verlor ich allen Mut und verriet meine Empfindungen in einer Weise, deren ich mich noch jetzt schäme, wenn ich daran denke, vor allem, weil meine Äußerungen später auf Miss Sullivan zurückfielen, die einzige in Cambridge, die imstande war, meine Pfade zu ebnen und meine Aufgabe zu erleichtern.

Allmählich begannen jedoch die Schwierigkeiten zu schwinden. Die in Prägedruck hergestellten Bücher und andere Hilfsmittel trafen ein, und ich machte mich mit neuem Mut an die Arbeit. Algebra und Geometrie waren die einzigen Fächer, die nach wie vor allen meinen Anstrengungen spotteten. Wie ich schon erwähnt habe, besaß ich keine besondere Begabung für Mathematik; geometrische Darstellungen waren teilweise völlig unverständlich für mich, da ich selbst auf dem Kissen das Verhältnis verschiedener Teile zueinander nicht erkennen konnte. Eine klare Vorstellung von Mathematik erhielt ich erst, als Mr. Keith mich unterrichtete.

Ich war auf dem Wege, alle diese Schwierigkeiten zu überwinden, als ein Ereignis eintrat, das einen vollständigen Umschwung herbeiführte.

Unmittelbar bevor die Bücher eintrafen, hatte Mr. Gilman Miss Sullivan Vorhaltungen darüber gemacht, daß ich zu angestrengt arbeite, und trotz meines heftigen Protests setzte er die Zahl meiner Unterrichtsstunden herab. Anfangs hatten wir vereinbart, daß ich nötigenfalls fünf Jahre auf meine Vorbereitung für die Universität verwenden sollte; am Ende des ersten Jahres aber überzeugte der Erfolg meiner Prüfungen Miss Sullivan, Miss Harbaugh (die Schulleiterin) und noch eine andere Lehrerin von der Möglichkeit, daß ich ohne allzu große Anstrengung meine Vorbereitungen in zwei weiteren Jahren beenden könne. Mr. Gilman erklärte sich damit anfangs einverstanden; als aber die Anforderungen an mich stiegen, bestand er auf der Ansicht, ich sei überarbeitet und solle noch drei weitere Jahre am Gymnasium zubringen. Mir gefiel dieser Plan nicht, denn ich wollte mit meiner Klasse zusammen die Universität besuchen.

Am 17. November fühlte ich mich nicht ganz wohl und konnte den Unterricht nicht besuchen. Obgleich Miss Sullivan sah, daß es sich nur um eine leichte Unpäßlichkeit handelte, erklärte Mr. Gilman, als er davon hörte, ich stehe vor einem Zusammenbruch, und traf Änderungen in meinem Studienplan, die es mir unmöglich machten, meine Abgangsprüfung zugleich mit meiner Klasse abzulegen. Schließlich führte die Meinungsverschiedenheit zwischen Mr. Gilman und Miss Sullivan dazu, daß Mutter Mildred und mich vom Gymnasium nahm.

Nach einiger Zeit wurde beschlossen, daß ich meine Studien unter der Leitung eines Hauslehrers, Mr. Merton S. Keith aus Cambridge, fortsetzen sollte. Den Rest des Winters verlebten Miss Sullivan und ich bei der mit uns befreundeten Familie Chamberlin in Wrentham, einer fünfundzwanzig Meilen von Boston entfernten Stadt.

Von Februar bis Juli 1898 kam Mr. Keith zweimal wöchentlich nach Wrentham und unterrichtete mich in Algebra, Geometrie, Griechisch und Latein. Miss Sullivan übersetzte mir seine Erläuterungen.

Im Oktober 1898 kehrten wir nach Boston zurück. Acht Monate hindurch erteilte mir Mr. Keith wöchentlich fünfmal Unterricht, jedesmal ungefähr eine Stunde lang. Er erklärte mir stets, was ich in der vorhergehenden Stunde nicht begriffen hatte, stellte mir neue Aufgaben und nahm meine Griechischaufgaben, die ich während der Woche auf meiner Schreibmaschine geschrieben hatte, mit nach Hause, korrigierte sie sorgfältig und gab sie mir das nächstemal zurück.

Auf diese Weise schritt meine Vorbereitung für die Universität ohne Unterbrechung weiter. Ich fand es leichter und angenehmer, für mich allein unterrichtet zu werden als in der Klasse mit anderen zusammen. Es gab keine Überstürzung, keine Verwirrung. Mein Lehrer hatte vollauf Zeit, mir zu erklären, was ich nicht verstand; daher machte ich raschere Fortschritte und wies bessere Leistungen auf als am Gymnasium. Ich fand jedoch Mathematik noch immer schwieriger als jedes andere Unterrichtsfach. Ich wünschte, Algebra und Geometrie wären mir nur halb so leicht gefallen wie das Sprach- und Literaturstudium. Aber Mr. Keith konnte sogar die Mathematik anziehend gestalten; es gelang ihm, mir die Lehrsätze und Aufgaben so faßlich zu machen, daß ich dem Unterricht immer besser folgen konnte. Er wußte meine Aufmerksamkeit zu fesseln und gewöhnte mich an klares Denken und ruhige, logische Schlußfolgerungen statt meiner früheren wilden, ziellosen Kreuz- und Quersprünge. Er war stets freundlich und zuvorkommend, wie ungeschickt ich mich auch manchmal anstellen mochte, obwohl, man kann es mir glauben, meine Beschränktheit oft sogar eine Hiobsgeduld erschöpft hätte.

Am 29. und 30. Juni 1899 legte ich die Schlußprüfung für das Radcliffe College ab. Am ersten Tag hatte ich griechische Grammatik und lateinische Lektüre, am zweiten Geometrie, Algebra und griechische Lektüre.

Die Universitätsbehörden gestatteten Miss Sullivan nicht, mir die Prüfungsarbeiten vorzulesen; dafür wurde Eugen C. Vining, einer der Lehrer des Perkins-Blindeninstituts, mit der Übertragung der Aufgaben in amerikanische Brailleschrift betraut. Mr. Vining war mir völlig fremd und konnte sich nur mittels Brailleschrift mit mir verständigen. Auch der aufsichtführende Beamte war mir fremd und machte keine Versuche, sich mit mir in Verbindung zu setzen.

Die Brailleschrift funktionierte für die Sprachen tadellos; in Geometrie und Algebra aber ergaben sich Schwierigkeiten. Ich war schmerzlich überrascht und entmutigt, da ich viel kostbare Zeit verlor, vor allem in der Algebra. Zwar war ich mit allen zu literarischen Zwecken benützten Braillesystemen vertraut – dem englischen, dem amerikanischen und dem New Yorker –, aber die geometrischen und algebraischen Zeichen sind in diesen drei Systemen sehr verschieden, und ich hatte in der Algebra bisher nur das englische benützt.

Zwei Tage vor Beginn der Prüfungen sandte mir Mr. Vining die Braillekopie einer bereits früher von der Harvard-Universität gestellten Algebraaufgabe. Zu meinem Schreck bemerkte ich, daß sie in der amerikanischen Notation gehalten war. Ich setzte mich unverzüglich hin und bat Mr. Vining mit ein paar Zeilen um eine Erklärung der Zeichen. Umgehend erhielt ich eine andere Aufgabe und eine Tabelle, in der die Zeichen erklärt waren, und ich machte mich ans Lernen. Aber am Abend vor der Prüfung in Algebra, während ich über ein paar sehr verwickelten Aufgaben brütete, hatte ich keine Zeit mehr, mir die Zusammenstellungen von geschweiften und eckigen Klammern und Wurzelzeichen einzuprägen. Sowohl Mr. Keith wie ich waren niedergeschlagen und voll trüber Ahnungen für den anderen Tag; wir gingen aber ein wenig vor Beginn der Prüfung zum Universitätsgebäude und baten

Mr. Vining, uns die amerikanischen Zeichen etwas eingehender zu erklären.

In der Geometrie bestand die Hauptschwierigkeit darin, daß ich stets gewohnt gewesen war, die Sätze in Liniendruck zu lesen oder sie in die Hand buchstabiert zu bekommen, und obgleich die Sätze jetzt dicht vor mir lagen, fand ich doch die Brailleschrift einigermaßen verwirrend und konnte mir nicht klar vorstellen, was ich las. Als aber die Algebra an die Reihe kam, brach eine noch härtere Zeit für mich an. Ich konnte mich in den Zeichen, die ich so spät gelernt hatte und die ich zu kennen glaubte, nicht zurechtfinden. Außerdem konnte ich nicht prüfen, was ich auf meiner Schreibmaschine geschrieben hatte. Ich hatte meine Arbeiten stets in Brailleschrift oder im Kopf gemacht. Mr. Keith hatte sich zu sehr auf meine Fähigkeit, die Aufgaben im Kopf zu lösen, verlassen und mich nicht im schriftlichen Anfertigen von Examensarbeiten unterwiesen. Infolgedessen kam ich peinlich langsam voran, und ich mußte die Aufgaben immer und immer wieder lesen, ehe ich begriff, was von mir verlangt wurde. In der Tat bin ich selbst jetzt noch nicht sicher, alle Zeichen richtig gelesen zu haben. Es fiel mir schwer, meinen Kopf beisammenzuhalten.

Aber ich klage niemand an. Die Universitätsbehörde wußte nicht, wie schwer sie mir meine Prüfung machte, noch begriff sie die Schwierigkeiten, die ich zu überwinden hatte. Auch wenn man mir unabsichtlich Hindernisse in den Weg legte, so habe ich immerhin die Genugtuung, sie alle überwunden zu haben.

19

Der Kampf um die Zulassung zur Universität war erfolgreich beendet, und ich konnte nun in das Radcliffe College eintreten, wann es mir beliebte. Bevor ich jedoch die Universität besuchte, kamen wir überein, daß ich noch ein weiteres Jahr unter Mr. Keiths Leitung lernen sollte. Erst gegen Ende 1900 ging daher mein Traum in Erfüllung.

Ich erinnere mich noch heute an meinen ersten Tag am Radcliffe College. Es war ein sehr interessanter Tag für mich. Ich hatte ihn jahrelang herbeigesehnt. Eine große Kraft in mir, die stärker war als der Rat meiner Freunde, stärker selbst als die Warnungen meines eigenen Innern, hatte mich dazu getrieben, meine Kräfte mit den Kräften derer zu messen, die sehen und hören. Ich wußte, ich würde auf Hindernisse stoßen, aber ich war voller Optimismus, sie zu überwinden. Ich hatte mir die Worte des weisen Römers zu Herzen genommen, der gesagt hatte: «Aus Rom verbannt zu sein heißt nur, außerhalb Roms leben.»

Abgeschnitten von der großen Heerstraße des Wissens war ich genötigt, meine Reise quer durchs Land auf wenig besuchten Straßen zurückzulegen – das war alles. Ich wußte, daß es auf einer Universität viele Nebenstraßen gab, auf denen ich Hand in Hand mit Mädchen gehen konnte, die ebenso dachten, liebten und kämpften wie ich.

Ich begann mein Studium mit großem Eifer. Vor mir erblickte ich eine neue Welt, strahlend in Schönheit und Licht, und ich fühlte die Fähigkeit in mir, alles kennenzulernen. In dem Wunderland des Geistes würde ich so frei sein wie jeder andere. Seine Bewohner, seine Landschaft, seine Sitten, seine Freuden, seine Leiden sollten lebendige, greifbare Vermittler der realen Welt sein. Die Vorlesungssäle schienen mir mit dem Geist der großen Weisen aller Zeiten erfüllt, und ich hielt die Professoren für Personifikationen der Weisheit selbst.

Aber bald entdeckte ich, daß das College nicht ganz die romantische Hochschule war, die ich mir vorgestellt hatte. Viele Träume meiner Jugend verblaßten im faden Licht des Alltags. Allmählich begann ich einzusehen, daß die Universität auch ihre Schattenseiten hat.

Eine, deren ich mir schmerzlich bewußt war und noch bin, besteht in dem Mangel an Zeit. Früher hatte ich genügend Zeit zum Denken, zum Nachsinnen; mein Geist und ich, wir hatten manchen Abend beieinandergesessen und der Melodie in meinem Innern gelauscht, die man nur in Mußestunden vernimmt, wenn die Worte eines Lieblingsdichters eine tiefe, wohllautende Saite in unserer Seele anschlagen, die bis dahin noch nicht erklungen war. Aber auf der Universität hat man keine Zeit, mit seinen Gedanken zu verkehren. Man besucht, scheint es, die Vorlesungen, um zu lernen, nicht um zu denken. Durchschreitet man die Portale der Gelehrsamkeit, so läßt man die schönsten Freuden – Einsamkeit, Bücher und Phantasie – draußen bei den rauschenden Tannen. Eigentlich müßte mich der Gedanke, daß ich Schätze für zukünftige Genüsse speichere, etwas beruhigen, aber ich bin zu unvorsichtig, um nicht den Genuß des Augenblicks der Ansammlung von Reichtümern für ferne Tage vorzuziehen.

Im ersten Jahr belegte ich Französisch, Deutsch, Geschichte, englische Stilistik und englische Literatur. Im Französischen las ich Werke von Corneille, Molière, Racine, Alfred de Musset, Sainte-Beuve und im Deutschen von Goethe und Schiller. In Geschichte verschaffte ich mir einen Überblick über den ganzen Zeitraum vom Untergang des Römischen Reiches bis zum achtzehnten Jahrhundert, und in englischer Literatur studierte ich kritisch Miltons Gedichte und «Areopagitica».

Ich bin häufig gefragt worden, in welcher Weise ich die speziellen Schwierigkeiten, unter denen ich die Universität besuchte, überwunden habe. Im Auditorium bin ich natürlich so gut wie allein. Der Professor ist so weit von mir entfernt, als ob er durch ein Telephon spräche. Die Vorlesungen werden mir so rasch wie möglich in die Hand buchstabiert, und in dem Bestreben, das Tempo einzuhalten, geht mir viel von der Individualität des Vortragenden verloren. Die Worte eilen durch meine Hand wie Hunde auf der Jagd nach einem Hasen, der ihnen aber oft entkommt. Aber in dieser Beziehung glaube ich nicht, daß ich viel schlechter dran bin als die Studentinnen, die sich Aufzeichnungen machen. Ist der Geist mit dem Prozeß des Hörens beschäftigt und soll zu gleicher Zeit das Gehörte in fliegender Eile zu Papier bringen, so kann man, glaube ich, weder dem behandelten Gegenstand noch der Art des Vortrags die gebührende Aufmerksamkeit zuwenden. Ich kann während der Vorlesung keine Aufzeichnungen machen, weil meine Hände mit Hören beschäftigt sind. Gewöhnlich schreibe ich dann zu Hause das, was ich behalten habe, nieder. Ich schreibe meine Übungen, Aufsätze, Kritiken, die Arbeiten für die Semester- und Jahresprüfungen auf meiner Schreibmaschine, so daß die Professoren keine Schwierigkeiten haben, herauszufinden, wie wenig ich weiß.

Ich besitze eine Hammond-Schreibmaschine. Ich habe viele Maschinen ausprobiert, finde aber, daß die Hammond sich am besten für mich eignet. Bei dieser Maschine gibt es mehrere Umschalttasten, jede mit verschiedenen Typen – griechische, französische oder mathematische –, entsprechend der Schriftart, die man hervorbringen will. Wenn ich meine Hammond-Schreibmaschine nicht hätte, würde ich wohl schwerlich die Universität besuchen können.

Sehr wenige von den in den verschiedenen Kursen gebrauchten Büchern sind in Blindenschrift gedruckt, und ich muß sie mir in die Hand buchstabieren lassen. Infolgedessen brauche ich mehr Zeit zur Vorbereitung meiner Lektionen als andere Studentinnen. Ich habe mit Schwierigkeiten zu kämpfen, die sie gar nicht kennen. Es gibt Tage, an denen die gespannte Aufmerksamkeit, mit der ich die Einzelheiten verfolgen muß, meine Nerven strapaziert, und der Gedanke, daß ich stundenlang dasitzen muß, um ein paar Kapitel zu lesen, während die anderen sich amüsieren, mich rasend macht; aber bald gewinne ich meinen Gleichmut wieder und lache mir die Unzufriedenheit vom Herzen. Denn alles in allem muß jeder, der Wissen erlangen will, seinen Berg Schwierigkeiten allein erklimmen, und da für mich keine breite, gerade Straße zum Gipfel führt, so muß ich ihn eben auf dem für mich bestimmten Pfad im Zickzack zu erreichen suchen. Ich gleite häufig zurück, ich falle, ich stehe still, ich stoße an die Ecken verborgener Hindernisse, ich verliere meine gute Laune, bekomme sie wieder und halte sie von da an fester; ich schleppe mich weiter, komme eine kleine Strecke vorwärts, fühle neuen Mut, werde immer eifriger und klimme immer höher und höher, bis ich endlich den Horizont sich weiten sehe. Jeder Kampf ist ein Sieg. Noch eine letzte Anstrengung, und ich erreiche die leuchtende Wolke, die blauen Himmelstiefen, das Land meiner Sehnsucht. Nicht immer stehe ich jedoch allein bei diesen Kämpfen. William Wade und E. E. Allen, Leiter des Pennsylvania-Instituts für Blindenunterricht, haben mir viele der erforderlichen Bücher in Prägedruck besorgt. Ihre Unterstützung hat mir mehr Hilfe und Ermutigung gebracht, als sie selbst ahnen können.

Im zweiten Jahr am Radcliffe College beschäftigte ich mich mit englischer Stillehre, mit der Bibel als literarischem Werk, mit amerikanischer und europäischer Zeitgeschichte, den Oden des Horaz und der lateinischen Komödie. Der Unterricht in englischer Stilistik war mir der liebste, weil er sehr lebendig war. Die Vorlesungen waren stets interessant und geistvoll, denn Professor Charles Townsend Copeland trug die Hauptwerke der Literatur in all ihrer ursprünglichen Frische und Gewalt vor. Eine kurze Stunde genoß man die ewige Schönheit der alten Meister ohne unnötige Erklärungen und Zergliederungen; mit ganzer Seele konnte man sich der Erhabenheit des Alten Testaments hingeben, ohne an das Dasein Jahwes und Elohims zu denken, und man ging mit dem Bewußtsein nach Hause, daß man einen Schimmer von jener Vollendung erhascht hatte, bei der Geist und Form in ewiger Harmonie verschmolzen sind und Wahrheit und Schönheit dem alten Stamm der Zeit neues Wachstum bringen.

Aber das College ist nicht das universale Athen, für das ich es gehalten hatte. Man tritt hier nicht den großen weisen Männern Auge in Auge gegenüber, man fühlt nicht ihren belebenden Hauch. Zwar sind sie gegenwärtig, aber sie scheinen mumifiziert zu sein. Wir müssen sie von der sie umgebenden Mauer der Gelehrsamkeit befreien, sie zergliedern und analysieren, ehe wir sicher sein können, daß wir einen Milton oder Jesaja vor uns haben und nicht nur eine geschickte Nachahmung. Wie mir scheint, vergessen viele Gelehrte, daß unsere Freude an den großen Werken der Literatur mehr von den Tiefen unseres Mitempfindens als von der Schärfe unseres Intellekts abhängt. Das Hauptübel ist, daß sehr wenige ihrer ausführlichen Erläuterungen im Gedächtnis haftenbleiben. Der Geist wirft sie ab wie ein Baum seine reifen Früchte. Man vermag eine Blume zu erkennen, Wurzel und Stengel und alles, ebenso den ganzen Wachstumsprozeß, und ist vielleicht doch nicht imstande, die Schönheit der frisch im Tau gebadeten Blume zu würdigen. Immer wieder frage ich ungeduldig: «Was sollen all diese Erklärungen und Hypothesen?» Sie schwirren in meinem Geist hin und her wie blinde Vögel. Ich wende mich nicht gegen die gründliche Kenntnis der berühmten Werke, die wir lesen, sondern nur gegen die endlosen Kommentare und verwirrenden Kritiken, aus denen nur das eine hervorgeht, nämlich daß es ebenso viele Ansichten wie Menschen gibt. Wenn jedoch ein wirklich großer Gelehrter die Meisterwerke interpretiert, so ist es, «als werden dem Blinden neue Augen gegeben».

Es gibt Zeiten, in denen ich wünschte, ich könnte die Hälfte der Dinge, die ich mir zu lernen vornahm, streichen; der überbürdete Geist kann sich der Schätze nicht erfreuen, die er sich unter den größten Anstrengungen angeeignet hat. Es ist unmöglich, glaube ich, an einem Tag vier bis fünf verschiedene Bücher in verschiedenen Sprachen und über ganz verschiedene Dinge zu lesen, ohne aus den Augen zu verlieren, wozu man sie liest. Liest man hastig und nervös und denkt dabei an Zeugnisse und Prüfungen, wird das Gehirn mit einer durcheinandergewürfelten Menge von Eindrücken belastet, für die es wenig Verwendung besitzt. Gegenwärtig ist mein Kopf so sehr mit völlig heterogenen Dingen angefüllt, daß ich beinahe daran verzweifle, je wieder Ordnung in ihm schaffen zu können. Sooft ich die Gegend betrete, die einst das Reich meines Geistes war, komme ich mir vor wie der sprichwörtliche Elefant im Porzellanladen. Wie Hagelkörner sausen mir Tausende von Kleinigkeiten durch den Kopf, und wenn ich mich ihnen zu entziehen versuche, so verfolgen mich Aufsatzgespenster und Vorlesungskobolde aller Art, bis ich wünsche – oh, möge mir dieser schlimme Wunsch vergeben werden! –, die Idole zerschmettern zu können, die anzubeten ich hierherkam.

Die Prüfungen sind die Hauptschrecken meines College-Lebens. Obgleich ich ihnen schon oft Auge in Auge gegenübergestanden und sie bewältigt habe, so erheben sie sich doch immer von neuem und drohen mir bleichen Angesichts, bis ich mich ganz mutlos fühle. Die Tage, die ihnen vorausgehen, werden darauf verwandt, den Kopf mit geheimnisvollen Formeln und unverdaulichen Daten – unschmackhaftes Zeug – vollzustopfen, bis man wünscht, daß Bücher, Wissenschaft und man selbst auf dem Grund des Meeres lägen, da, wo es am tiefsten ist.

Endlich naht die gefürchtete Stunde; glücklich die, die sich gerüstet fühlt und zur rechten Zeit imstande ist, Gedanken, die ihr in dieser höchsten Not von Nutzen sein können, zu ihrem Beistand herbeizurufen. Es kommt nur zu häufig vor, daß das Stoßgebet ungehört verhallt. Es ist im höchsten Grad verwirrend und erbitternd, daß gerade in dem Augenblick, in dem man sein Gedächtnis und ein scharfes Unterscheidungsvermögen am nötigsten hat, diese beiden Dinge Flügel erhalten und davonflattern. Die Kenntnisse, die man sich mit so unendlicher Mühe angeeignet hat, lassen einen im Notfall unfehlbar im Stich.

«Geben Sie mir einen kurzen Überblick über Hus und seine Bedeutung!» – Hus? Wer war denn das, und was hat er doch gleich getan? Der Name klingt so seltsam vertraut. Man durchwühlt seinen Vorrat historischer Kenntnisse, genau so, als wolle man nach einem Stückchen Seide in einem Lumpensack suchen. Man ist überzeugt, es steckt irgendwo im Gedächtnis ganz oben – man weiß, man hat es erst kürzlich gesehen, als man den Beginn der Reformation nachschlug. Aber wo ist es nun? Man fischt allerhand Wissensbrocken heraus – Revolutionen, Schismen, Niedermetzelungen, Regierungssysteme –, aber Hus, wo steckt der? Man wundert sich über das, was man alles weiß, was aber jetzt nicht gefragt ist. In der Verzweiflung packt man seinen Sack und schüttet ihn aus, und dort in einem Winkel steckt der betreffende Mann und sinnt unbekümmert über seinen geheimen Gedanken, ohne eine Ahnung von dem Unheil zu haben, das er über unsereinen gebracht hat.

Gerade in diesem Augenblick aber kündigt der Examinator an, daß die Zeit um ist. Mit einem Gefühl äußersten Unbehagens wirft man das Gerümpel in eine Ecke und geht nach Hause, den Kopf voll revolutionärer Pläne über die Abschaffung des göttlichen Rechts der Professoren, Fragen ohne die Genehmigung der Befragten zu stellen.

Es mag sein, daß ich auf den letzten zwei bis drei Seiten dieses Kapitels Sprachbilder gebraucht habe, für die man mich auslachen wird. Ach ja, hier sind sie – die hinkenden Vergleiche, die sich vor mich hinstellen und mich verhöhnen, indem sie auf den von Hagelkörnern umwirbelten Elefanten im Porzellanladen und die Schreckgespenster mit bleichem Antlitz – eine noch nicht erforschte Spezies – hinweisen. Laßt sie höhnen! Die Worte schildern so getreu die Atmosphäre sich drängender und überstürzender Gedanken, in der ich lebe, daß ich sie mir später einmal vergegenwärtigen können möchte, um dann eine ernste Miene aufzusetzen und zu erklären, daß sich meine Ansichten über die Universität geändert haben.

Als mein Universitätsstudium noch im Schoße der Zukunft schlummerte, war es von einer Romantik umgeben, die es jetzt eingebüßt hat; aber bei dem Übergang von der Romantik zur Wirklichkeit habe ich vieles gelernt, was ich nie erkannt hätte, wenn ich dieses Experiment nicht gemacht hätte. Das eine ist die köstliche Wissenschaft der Geduld, die uns lehrt zu lernen, als wollten wir einen Spaziergang aufs Land machen, in voller Muße und mit Sinnen, die für die Eindrücke jeder Art offen sind. Solches Wissen überströmt unser innerstes Wesen mit einer unerschöpflichen Fülle tiefer Gedanken. Wissen ist Macht! Besser: Wissen ist Glück, denn der Besitz von Wissen – umfassendem, tiefem Wissen – ist gleichbedeutend mit der Fähigkeit, wahre Ziele von falschen und erhabene Dinge von niederen zu unterscheiden. Die für den Fortschritt des Menschen entscheidenden Gedanken und Taten kennen heißt den gewaltigen Pulsschlag der Menschheit über die Jahrhunderte hinweg fühlen, und wer in diesen Schlägen nicht ein himmelwärts gerichtetes Streben wahrnimmt, der muß in der Tat für die Harmonie des Lebens taub sein.

20

Bisher habe ich die Ereignisse meines Lebens kurz skizziert, aber noch nicht davon gesprochen, wieviel ich den Büchern verdanke: nicht nur Freude und Wissen, sondern auch Kenntnisse, die andere durch Augen und Ohren gewinnen. In der Tat haben Bücher zu meiner Entwicklung so viel mehr beigetragen als bei anderen, daß ich bis auf die Zeit zurückgreife, als ich lesen lernte.

Meine erste zusammenhängende Geschichte las ich im Mai 1887, als ich sieben Jahre alt war. Von jenem Tag an habe ich alles, was als Prägedruck zwischen meine heißhungrigen Fingerspitzen geriet, förmlich verschlungen. Wie ich bereits erwähnt habe, erhielt ich während der ersten Jahre meiner Ausbildung keinen regelmäßigen Unterricht; auch las ich nicht regelmäßig.

Zuerst hatte ich nur wenige Bücher in Prägedruck – Fibeln für Anfänger, eine Sammlung von Kindergeschichten und ein Geographiebuch. Aber ich las diese Bücher immer und immer wieder, bis die Worte so abgenutzt und abgegriffen waren, daß ich sie kaum noch erkennen konnte. Bisweilen las mir Miss Sullivan vor, indem sie mir Geschichten und Gedichte in die Hand buchstabierte, von denen sie wußte, daß ich sie verstehen konnte; ich zog es jedoch vor, für mich selbst zu lesen, weil ich, was mir gefiel, immer wieder lesen wollte.

Erst während meines ersten Besuchs in Boston begann ich systematisch und mit vollem Ernst zu lesen. Ich durfte jeden Tag eine bestimmte Zeit in der Blindenbibliothek bleiben, von Bücherbrett zu Bücherbrett gehen und jedes Buch herunternehmen, auf das meine Finger stießen. Und ich las und las, obwohl ich von zehn oder zwölf Wörtern auf einer Seite oft nur eines verstand. Die Wörter selbst übten eine Art Zauber auf mich aus; aber ich hatte kein bewußtes Verständnis für das, was ich las. Mein Geist muß jedoch zu dieser Zeit sehr prägsam gewesen sein, denn er behielt viele Wörter und ganze Sätze, von deren Bedeutung ich nicht die geringste Ahnung hatte, und als ich später zu sprechen und zu schreiben begann, kamen mir diese Wörter und Sätze ganz von selbst wieder ins Gedächtnis, so daß meine Familie über die Reichhaltigkeit meines Wortschatzes staunte. Ich muß Abschnitte aus vielen Büchern (damals habe ich, wie ich glaube, nie ein Buch vollständig gelesen) und eine große Menge Gedichte auf jene verständnislose Art gelesen haben, bis ich «Lord Fauntleroy» entdeckte. Dies war das erste zusammenhängende Buch, das ich bewußt las und begriff.

Ich erinnere mich noch deutlich an die Zeit und den Platz, wo meine Lehrerin die ersten Kapitel dieser reizenden Kindergeschichte mit mir las. Es war ein warmer Augustnachmittag. Wir saßen zusammen in einer Hängematte, die zwischen zwei mächtigen Fichten in der Nähe des Hauses befestigt war. Wir waren gleich nach dem Frühstück aufgebrochen, um möglichst viel Zeit für die Geschichte zu haben. Als wir durch das hohe Gras zu der Hängematte eilten, hüpften die Heuschrecken in Scharen um uns herum und blieben an unseren Kleidern hängen, und ich entsinne mich, daß meine Lehrerin darauf bestand, sie alle abzusammeln, ehe wir uns hinsetzten, was mir als unnötiger Zeitverlust erschien. Die Sonne schien warm auf die Fichtennadeln, so daß sie all ihren Wohlgeruch verströmten. Die Luft war würzig und hatte etwas von Seeluft an sich. Ehe wir zu lesen begannen, erläuterte mir Miss Sullivan alles, wovon sie wußte, daß ich es nicht verstehen würde, und während dem Lesen selbst erklärte sie die mir unbekannten Wörter. Anfänglich waren es sehr viele Wörter, die ich nicht verstand, und die Lektüre wurde ständig unterbrochen; sobald ich aber die allgemeine Situation erfaßt hatte, wurde ich von der Erzählung selbst zu stark in

Anspruch genommen, als daß ich auf einzelne Wörter geachtet hätte, und ich fürchte, ich paßte sehr wenig auf die Erläuterungen auf, die Miss Sullivan für nötig hielt. Als ihre Finger zu müde wurden, um noch ein weiteres Wort zu buchstabieren, empfand ich zum erstenmal deutlich meine körperliche Behinderung. Ich nahm das Buch in meine Hände und versuchte, die Buchstaben mit einer Sehnsucht zu fühlen, die ich nie vergessen werde.

Später übertrug Mr. Anagnos auf meine inständige Bitte die Erzählung in Blindenschrift; ich las sie immer wieder von neuem, bis ich sie beinahe auswendig kannte, und während meiner Kinderzeit blieb der «Kleine Lord» mein lieber Begleiter.

Mit «Little Lord Fauntleroy» begann mein wirkliches Interesse für Bücher. Während der nächsten beiden Jahre las ich viele Bücher zu Hause und bei meinen Besuchen in Boston. Ich kann mich nicht aller entsinnen, auch nicht, in welcher Reihenfolge ich sie gelesen habe; aber ich weiß, daß sich unter ihnen die griechischen Sagen, La Fontaines Fabeln, Hawthornes «Wonder Book», biblische Geschichten, Lambs «Tales from Shakespeare», «A Child's History of England» von Dickens, «Tausendundeine Nacht», «The Swiss Family Robinson», «The Pilgrim's Progress», «Robinson Crusoe», «Little Women» und «Heidi» befanden. Ich las sie in den Pausen zwischen Unterricht und Spiel, mit einem sich immer mehr vertiefenden Verständnis. Ich studierte die Bücher nicht, noch analysierte ich sie – ich wußte nicht, ob sie gut geschrieben waren oder nicht, ich dachte weder an ihren Stil noch an ihren Verfasser. Sie legten mir ihre Schätze zu Füßen, und ich nahm sie hin, wie wir den Sonnenschein und die Liebe unserer Angehörigen hinnehmen. Die Erzählung «Little Women» gefiel mir sehr gut, weil sie in mir das Gefühl der Verwandtschaft mit Mädchen und Knaben weckte, die sehen und hören konnten. Da mein Leben in so vielen Beziehungen eingeengt war, mußte ich in Büchern nach der Welt suchen, die außerhalb meiner eigenen lag.

La Fontaines Fabeln las ich zuerst in einer englischen Übersetzung, fand aber keinen rechten Geschmack an ihnen. Später las ich sie auf französisch; sie gefielen mir aber trotz der lebhaften Schilderungen und der meisterlichen Sprachbeherrschung nicht besser. Ich weiß nicht, woher dies kommen mag, aber Geschichten, in denen Tiere vorkommen, die wie menschliche Wesen sprechen und handeln, haben mich nie besonders angesprochen. Die possierlichen Tierkarikaturen nehmen meine Aufmerksamkeit so in Anspruch, daß ich die moralische Lehre gar nicht beachte.

Dagegen liebe ich «The Jungle Book» und «Wild Animals I Have Known». Für Tiere selbst empfinde ich ein wahrhaftes Interesse, weil sie wirkliche Tiere und keine Karikaturen von Menschen sind. Ich fühle ihre Liebe und ihren Haß nach, lache über ihre Possen und weine über ihre Leiden. Und wenn sie eine moralische Lehre verkünden, so ist diese so fein versteckt, daß wir uns ihrer gar nicht bewußt werden.

Mit Freude und Bewunderung erfüllte mich die Geschichte des klassischen Altertums. Griechenland, das alte Griechenland, faszinierte mich. In meiner Phantasie wandelten die heidnischen Götter und Göttinnen noch auf Erden und verkehrten persönlich mit den Menschen, und in meinem Herzen baute ich denen, die ich am meisten liebte, Altäre. Ich kannte und liebte die ganze Schar der Nymphen und Helden und Halbgötter – nein, nicht alle, denn die

Grausamkeit und Leidenschaftlichkeit Medeas und Jasons waren zu ungeheuerlich, um vergeben werden zu können, und ich habe mich stets gewundert, warum die Götter ihnen erst gestatteten, Böses zu tun, und sie dann für ihre Verruchtheit bestraften. Und das Geheimnis ist noch jetzt nicht gelöst. Ich wundere mich auch jetzt noch oft, warum

> Gott schweigen kann, da doch die Sünde
> Kriecht grinsend durch das hehre Haus der Zeit.

Es war die Ilias, die mir Griechenland zum Paradies machte. Ich war mit der Geschichte von Troja vertraut, ehe ich sie noch im Original las. Deshalb hatte ich keine Schwierigkeiten, die Schätze, die im griechischen Text verborgen liegen, zu heben, nachdem ich die Vorhalle der Grammatik durchschritten hatte. Wahre Poesie, mag sie in griechischer oder englischer Sprache geschrieben sein, bedarf keiner anderen Auslegung als der eines mitfühlenden Herzens. Könnten doch diejenigen, die die großen Werke der Dichter durch ihre Analysen, ihre Mißdeutungen und umständlichen Kommentare ungenießbar machen, diese einfache Wahrheit einsehen! Es ist nicht notwendig, jedes Wort zu erklären und ihm seine grammatische Stellung im Satz anzuweisen, um ein schönes Gedicht zu verstehen und zu würdigen. Ich weiß, meine Professoren haben größere Reichtümer in der Ilias gefunden, als ich je entdecken werde; aber ich bin nicht neidisch. Es macht mir nichts aus, daß andere klüger sind als ich. Aber all ihr umfassendes, gründliches Wissen ist ebensowenig Maßstab für ihren Genuß an dem herrlichen Epos wie mein lückenhaftes Wissen für meinen Genuß. Wenn ich die schönsten Stellen der Ilias lese, werde ich mir einer Seelenkraft bewußt, die mich weit über die engen, mich hemmenden Schranken des Daseins hinaushebt. Meine physischen Gebrechen sind vergessen – meine Welt liegt droben, der ganze Himmel gehört mir, so weit und hoch er sich wölbt. Wie leicht ist es doch, mit papiernen Schwingen zu fliegen!

Zwischen den griechischen Sagen und der Ilias lag eine Strecke, die ich nicht an einem Tag habe zurücklegen können; auch war die Reise nicht allzu angenehm. Man hätte einige Male rund um die Erde reisen können, während ich mir meinen steilen Pfad mühsam durch labyrinthische Massen von Grammatiken und Wörterbüchern bahnte oder in jene furchtbaren Fallgruben, Examina genannt, stürzte, die Schulen und Universitäten zur Verwirrung derer anlegen, die Erkenntnis suchen. Ich glaube, dieser Hindernislauf wird durch die Erreichung des Zieles gerechtfertigt; allein er erschien mir endlos trotz der schönen, überraschenden Ausblicke, die ich dann und wann bei einer Biegung der Straße hatte.

In der Bibel begann ich zu lesen, lange Zeit bevor ich sie verstehen konnte. Jetzt erscheint es mir seltsam, daß es je eine Zeit gegeben haben soll, in der meine Seele gegen die wunderbaren Harmonien der Bibel taub war; aber ich entsinne mich noch gut eines regnerischen Sonntagvormittags, als ich nichts anderes zu tun hatte und daher meine Cousine bat, mir eine Geschichte aus der Bibel vorzulesen. Obgleich sie nicht glaubte, daß ich sie verstehen würde, begann sie mir die Geschichte von Joseph und seinen Brüdern in die Hand zu buchstabieren. Aber sie langweilte mich. Die ungewöhnliche Sprache und die ständigen Wiederholungen ließen mir die Geschichte als unglaubwürdig erscheinen; ich schlief ein und wanderte in das Land der Träume hinüber, ehe die Brüder mit Josephs

Rock in das Zelt Jakobs kamen und ihre Lügen vorbrachten! Ich weiß nicht, warum die Mythen der Griechen für mich so voller Reiz und die der Bibel so uninteressant waren; vielleicht rührte dies daher, daß ich in Boston die Bekanntschaft mehrerer Griechen gemacht hatte und mich deren Begeisterung für die Sagen ihres Vaterlands angesteckt hatte.

Wie soll ich aber von der Herrlichkeit sprechen, die ich seither in der Bibel entdeckt habe? Seit Jahren lese ich dieses Buch der Bücher mit wachsender Freude und als eine Quelle der Inspiration, und ich liebe es, wie ich kein anderes Buch liebe.

In der Schlichtheit und der furchtbaren Folgerichtigkeit des Buches Esther liegt etwas so Wirkungsvolles und Erhabenes. Kann etwas dramatischer sein als die Szene, in der Esther vor ihrem skrupellosen Herrn steht? Sie weiß, ihr Leben liegt in seiner Hand, es gibt keinen Schutz für sie gegen seine Gewalttätigkeit. Und doch bezwingt sie ihre weibliche Furcht und nähert sich ihm, beseelt von der edelsten Liebe zu ihrem Volk und von dem Gedanken: Wenn ich sterbe, so sterbe ich; wenn ich aber am Leben bleibe, so wird mein Volk auch am Leben bleiben.

Auch die Geschichte von Ruth – wie echt orientalisch ist sie! Und doch wie verschieden ist das Leben der einfachen Landleute von dem am Hof des Perserkönigs! Ruth ist so pflichtgetreu und gutherzig, daß wir sie einfach lieben müssen, wenn sie unter den Schnittern im wogenden Kornfeld steht. Ihre edle, selbstlose Gesinnung glänzt hell wie ein strahlender Stern in der Nacht einer finsteren, grausamen Zeit. Eine Liebe wie die Ruths, die sich über Glaubensstreite und tiefverwurzelte Rassenvorurteile hinwegzusetzen vermag, ist selten.

Die Bibel gibt mir das tiefe, tröstliche Gefühl, daß die «sichtbaren Dinge zeitlich, die unsichtbaren ewig sind».

Seitdem ich Bücher zu lieben imstande bin, habe ich auch Shakespeare geliebt. Ich kann nicht genau sagen, wann ich Lambs «Tales from Shakespeare» zu lesen begann; ich weiß nur, daß ich sie zuerst mit kindlichem Verständnis und kindlichem Staunen las. «Macbeth» scheint den tiefsten Eindruck auf mich gemacht zu haben. Ein einmaliges Lesen genügte, jede Einzelheit des Dramas meinem Gedächtnis für immer einzuprägen. Lange Zeit hindurch verfolgten mich die Geister und Hexen sogar bis in meine Träume. Ich konnte den Dolch und Lady Macbeths kleine weiße Hand sehen, buchstäblich sehen – der furchtbare Blutfleck stand so leiblich vor meinem inneren Auge wie die von ihrem Gewissen gefolterte Königin.

«König Lear» las ich kurze Zeit nach «Macbeth»; ich werde nie das Grauen vergessen, das mich befiel, als ich zu der Szene kam, in der Gloster die Augen ausgestochen werden. Zorn erfaßte mich, meine Finger wollten nicht weiter. Das Blut hämmerte in meinen Schläfen, und aller Haß, dessen ein Kind fähig ist, stieg in meinem Herzen auf.

Die heiteren, anmutigen, phantasievollen Stücke Shakespeares scheinen anfangs keinen Eindruck auf mich gemacht zu haben, vielleicht weil sie den Sonnenschein und die Heiterkeit, die in der Regel über dem Leben eines Kindes lagern, widerspiegeln.

Seitdem habe ich Shakespeares Stücke wiederholt gelesen und kenne sie stellenweise auswendig, aber ich könnte nicht sagen, welches von ihnen mir am besten gefällt. Meine Vorlieben wechseln mit meiner Stimmung. Die kleinen Liedchen und die Sonette schätze ich in ihrer wunderbaren Frische ebenso wie die Dramen.

Durch die Universitätsvorlesungen lernte ich auch die französische und deutsche Literatur näher kennen. Der Deutsche zieht im Leben wie in der Literatur Kraft der Schönheit und Wahrheit den Konventionen vor. Es liegt eine Stärke in allem, was er tut, die mit der Gewalt eines Schmiedhammers wirkt. Wenn er spricht, so geschieht es nicht, um andere zu überzeugen, sondern weil sein Herz zerspringen würde, wenn er den Gedanken, die in seiner Seele brennen, keinen Ausweg öffnete.

Auch liegt in der deutschen Literatur eine feine Zurückhaltung, die mir sympathisch ist; ihr größter Ruhm aber besteht meines Erachtens in der Anerkennung der erlösenden Macht der aufopfernden Liebe der Frau. Dieser Gedanke durchdringt die gesamte deutsche Literatur und findet in mystischer Weise seinen Ausdruck in Goethes «Faust»:

Alles Vergängliche
Ist nur ein Gleichnis;
Das Unzulängliche,
Hier wird's Ereignis;
Das Unbeschreibliche,
Hier ist's getan;
Das Ewig-Weibliche
Zieht uns hinan.

Von den französischen Schriftstellern sagen mir Molière und Racine am meisten zu. Bei Balzac finden sich einzelne Schönheiten und bei Mérimée Stellen, die wie ein frischer Windstoß von der See her wirken. Alfred de Musset ist unmöglich! Ich bewundere Victor Hugo – ich schätze sein Genie, seine Sprache, seine Brillanz; trotzdem gehört er nicht zu meinen Lieblingsschriftstellern.

Bei dieser Aufzählung meiner Lieblingsautoren habe ich nur die Schriftsteller erwähnt, die mir am besten gefallen; dabei könnte man leicht auf die Vermutung kommen, daß mein Horizont sehr eng begrenzt und undemokratisch sei, und das wäre ein gewaltiger Irrtum. Ich habe viele Schriftsteller aus mancherlei Gründen gern: Carlyle wegen seiner Rauheit und Verhöhnung aller Falschheit, Wordsworth, der die Einheit von Mensch und Natur lehrt; Hoods Seltsamkeiten und Abenteuerlichkeiten, Herricks Verse mit dem Duft von Rosen und Lilien, Whittiers Enthusiasmus und Sittlichkeit. Ich kenne Whittier persönlich, und die Erinnerung an unsere Freundschaft verdoppelt den Genuß, den ich beim Lesen seiner Gedichte empfinde. Ich liebe Mark Twain – wer tut das nicht? Ich liebe Scott wegen seiner Frische und seiner stürmisch sich Bahn brechenden Ehrlichkeit. Ich liebe alle Schriftsteller, deren Geist wie bei Lowell im Sonnenschein des Optimismus emporquillt, ein Jungbrunnen der Freude und des guten Willens, der gelegentlich auch einen Zornspritzer von sich gibt und Liebe und Menschlichkeit um sich herum verbreitet.

Mit einem Wort, die Literatur ist mein Utopien. Hier bin ich von keinem Recht ausgeschlossen. Keine Sinnesschranke schließt mich von dem wohltuenden, bereichernden Verkehr mit meinen Lieblingsbüchern ab; sie sprechen frei und ungehindert zu mir. Alle Schulweisheit erscheint mir lächerlich gering gegenüber der «weltumspannenden Liebe und himmlischen Barmherzigkeit», die aus ihnen spricht.

21

Bücher sind nicht meine einzige Unterhaltung; mehr als einmal habe ich meine Liebe zur Natur und zum Sport im Freien erwähnt. Schon als ganz kleines Mädchen lernte ich rudern und schwimmen, und wenn ich mich im Sommer in Wrentham in Massachusetts aufhalte, so verbringe ich den größten Teil meiner Zeit im Boot. Nichts macht mir größeres Vergnügen, als meine Freunde, die mich besuchen, auf den Fluß hinauszurudern. Selbstverständlich kann ich das Boot nicht gut allein steuern. In der Regel sitzt jemand am Steuer, während ich rudere. Bisweilen rudere ich aber auch ohne Steuer und fahre an den Wasserrosen und Wasserlilien oder an den Büschen, die das Ufer säumen, entlang. Ich benütze Ruder mit Lederstrippen, durch die sie in ihrer Lage festgehalten werden, und merke am Widerstand des Wassers, wann sich die Ruder im Gleichgewicht befinden. In derselben Weise kann ich auch erkennen, wenn ich gegen den Strom rudere. Ich liebe den Kampf mit Wind und Wellen. Ich kenne nichts Erfrischenderes, als wenn mein kleines, festes Boot, meinem Willen und meiner Kraft gehorchend, leicht über die glitzernden, auf und nieder tanzenden Wellen schießt und ich das beständige, unwiderstehliche Anprallen des Wassers spüre.

Ich fahre auch gerne Kanu, besonders – Sie werden es nicht glauben – in mondhellen Nächten. Zwar kann ich den Mond nicht hinter den Fichten emporsteigen und leise am klaren Himmel hingleiten sehen und auch nicht den leuchtenden Pfad, den sein Licht im Wasser bildet; aber ich weiß, Frau Luna ist da, und wenn ich auf mein Kissen zurückgelehnt liege und meine Hand ins Wasser halte, so stelle ich mir vor, sie berühre mich im Vorüberschreiten mit dem Saum ihres Gewandes. Ab und zu schlüpft mir ein kühnes Fischlein zwischen den Fingern durch, und oft streift eine Wasserlilie leise meine Hand. Häufig werde ich mir der Weite des mich umgebenden Raums bewußt, wenn wir eine kleine Bucht verlassen. Eine leuchtende Wärme scheint mich dann zu umfluten. Ob dies von den Bäumen herrührt, die von der Sonne erwärmt wurden, oder vom Wasser, kann ich nicht sagen. Ich habe es an kalten, stürmischen Tagen und in der Nacht gespürt. Es ist wie der Kuß von warmen Lippen auf meinem Gesicht.

Mein Lieblingssport ist Segeln. Im Sommer 1901 besuchte ich Neuschottland und hatte dort mehrmals Gelegenheit, den Ozean kennenzulernen wie nie zuvor. Miss Sullivan und ich verbrachten den größten Teil des Sommers in Halifax. Der Hafen war unsere Freude, unser Paradies. Wir machten herrliche Segelfahrten nach Bedford Bassin, McNabbs Island, York Redoubt und zum Northwest Arm. Und die Nacht verbrachten wir zwischen den großen Kriegsschiffen. Es war alles so interessant, so schön!

Einmal erlebten wir eine abenteuerliche Fahrt. Im Northwest Arm fand eine Regatta statt, an der die Boote der verschiedenen Kriegsschiffe teilnahmen. Wir fuhren mit vielen anderen in einem Segelboot hin, um uns die Wettfahrten anzusehen. Hunderte von kleinen Segelbooten schaukelten auf und nieder, und die See war still. Als die Regatten vorüber waren und wir uns auf den Heimweg machten, näherte sich von der See her eine schwarze Wolke, die immer größer und dichter wurde, bis sie den ganzen Himmel bedeckte. Der Wind erhob sich, und die Wogen brandeten zornig gegen unsichtbare Schranken an.

Unser kleines Boot schoß mit gespannten Segeln und straffen Tauen pfeilschnell vor dem Wind dahin. Bald verschwand es in den Wirbeln, bald tanzte es auf dem Kamm einer riesigen Welle, um im nächsten Augenblick unter Brausen und Zischen wieder in die Tiefe zu schießen. Das Hauptsegel wurde heruntergerissen. Wendend und beidrehend kämpften wir gegen den wütenden Wind an. Unsere Herzen pochten rascher, und unsere Hände bebten vor Aufregung, nicht vor Angst; denn unser Steuermann blieb Herr der Situation. Er war durch manchen Sturm mit sicherer Hand und seekundigem Auge gesegelt. Als wir an der großen Barke und den im Hafen liegenden Kanonenbooten vorüberkamen, wurden wir mit Applaus begrüßt. Frierend, hungrig und müde erreichten wir schließlich die Landungsbrücke.

Den vergangenen Sommer verbrachte ich in einem der schönsten Winkel der Erde und einer der reizendsten Städte Neuenglands. Wrentham in Massachusetts steht beinahe zu all meinen Freuden und Leiden in Beziehung. Viele Jahre lang war Red Farm, das Haus von J. E. Chamberlin und seiner Familie, meine Heimat. Viele glückliche Tage habe ich dort verlebt. Ich nahm an allen Spielen der Kinder, ihren Streifzügen durch die Wälder und an ihren Planschereien im Wasser teil. Das Geplapper der Kleinen und ihre Freude an den Geschichten, die ich ihnen von Elfen und Gnomen, von Helden und schlauen Bären erzählte, sind angenehme Erinnerungen für mich. Mr. Chamberlin weihte mich in die Geheimnisse der Bäume und der wildwachsenden Blumen ein, bis ich in meiner Vorstellung das Emporsteigen des Saftes in der Eiche wahrnahm und die Sonnenstrahlen von Blatt zu Blatt huschen sah.

Gleichwie die Wurzeln in der dunklen Tiefe
Doch Anteil nehmen an des Wipfels Freuden,
Den Sonnenschein, die milde Luft empfinden
Vermöge der Alliebe der Natur –

so besitze auch ich eine Anschauung der Dinge, die ich nicht sehen kann.

Jedes Individuum hat eine unter der Schwelle des Bewußtseins verborgene Erinnerung an die grünende Erde und die murmelnden Gewässer, und weder Blindheit noch Taubheit kann es dieser von vergangenen Generationen ererbten Gabe berauben. Sie ist eine Art sechster Sinn – ein Seelensinn, der zugleich sieht, hört, fühlt.

Ich habe viele Freunde unter den Bäumen in Wrentham. Einer von ihnen, eine herrliche Eiche, ist mir besonders ans Herz gewachsen. Sie steht auf einer Anhöhe, und diejenigen, die in der Baumkunde bewandert sind, behaupten, sie habe hier achthundert bis tausend Jahre gestanden. Nach der Überlieferung warf unter diesem Baum König Philip, der heldenhafte Indianerhäuptling, seinen letzten Blick auf Himmel und Erde.

Ich hatte noch eine andere Baumfreundin, sanft und nicht so unnahbar wie die große Eiche – eine Linde, die beim Hoftor von Red Farm wuchs. Eines Nachmittags, während eines furchtbaren Gewitters, spürte ich einen heftigen Krach an der Hauswand und wußte, noch ehe es mir jemand sagte, daß die Linde gestürzt war. Mein Herz blutete, als ich sie, die so vielen Stürmen widerstanden hatte, am Boden hingestreckt wußte.

Ich darf jedoch nicht vergessen, daß ich von meinen Erlebnissen im letzten Sommer erzählen will. Sobald meine Examen vorüber waren, reisten Miss Sullivan und ich nach

Wrentham, wo wir ein kleines Landhaus an einem von den drei Seen besitzen, für die Wrentham berühmt ist. Hier wurde jeder Gedanke an Arbeit, College und die lärmende Stadt in den Hintergrund gedrängt. In Wrentham vernahmen wir nur ein Echo von dem, was in der Welt vorging – Krieg, Bündnis, soziale Konflikte. Aber wir kümmerten uns wenig um diese Dinge. Sie würden vorübergehen; hier lagen Seen und Wälder, weite blumenübersäte, duftende Wiesen, und diese würden in aller Zukunft fortbestehen.

Leute, die der Meinung sind, daß uns alle sinnlichen Eindrücke durch Auge und Ohr zugehen, haben sich gewundert, daß ich, vielleicht abgesehen von dem Fehlen des Pflasters, einen Unterschied zwischen Stadt und Land bemerkte. Sie vergessen, daß mein ganzer Körper auf meine Umgebung reagiert. Das Getöse und der Lärm der Stadt peitschen meine Gesichtsnerven; ich fühle das rastlose Auf- und Niederwogen einer unsichtbaren Menschenmenge, und die Hektik zerrt an meinen Nerven. Das Rollen der schweren Wagen auf dem harten Pflaster und das eintönige Rattern der Maschinen sind um so quälender, wenn die Aufmerksamkeit nicht durch die bunten, wechselnden Bilder abgelenkt wird, die sich sehenden Menschen in den belebten Straßen auf Schritt und Tritt bieten.

Auf dem Land dagegen nimmt man nur die Schönheiten der Natur wahr; die Seele wird nicht traurig gestimmt durch den erbarmungslosen Kampf ums nackte Überleben, der in der dichtbevölkerten Stadt wütet. Verschiedene Male habe ich die engen, schmutzigen Straßen besucht, in denen die armen Leute wohnen. Die Kinder, die sich dort halbnackt und abgemagert umhertreiben, schrecken vor jeder ausgestreckten Hand zurück, als würden sie geschlagen. Die Erinnerung an diese Geschöpfe läßt mich nicht los und bekümmert mich. Ich habe auch die harten, verarbeiteten Hände der Erwachsenen in den meinen gehalten und begriffen, was für ein endloses Ringen ihr Leben sein muß – nichts weiter als eine Kette vergeblicher Versuche, emporzukommen. Ihr Dasein ist ein ungeheures Mißverhältnis zwischen Anstrengung und Erfolg. Sonne und Luft sind Gottes freies Geschenk an jedermann; sind sie dies aber in der Tat? In die schmutzigen Straßen der Armen dringt kein Sonnenstrahl, und die Luft ist verdorben. Solche Gedanken schleppe ich mit mir herum, wenn ich nach einem arbeitsreichen Jahr in der Stadt aufs Land zurückkehre.

Deshalb ist es eine Freude für mich, wieder den weichen, elastischen Boden unter den Füßen zu fühlen, auf grasbewachsenen Wegen zu Bächen zu wandern, deren Ufer mit Farnkraut bedeckt sind und in deren Wellen ich meine Hände kühlen kann, oder über ein Steinmäuerchen zu klettern und mich auf grünen Wiesen ausgelassen zu tummeln, mich im Gras zu wälzen und Abhänge emporzuklettern.

Mein zweites Hauptvergnügen, nach einem gemütlichen Spaziergang, ist ein Ausflug auf meinem Tandem. Es ist herrlich, den Wind im Gesicht und die federnde Bewegung meines Stahlrosses zu spüren. Das rasche Durchschneiden der Luft gibt mir ein Gefühl der Kraft und des Schwungs, und die Anstrengung läßt meinen Puls und mein Herz hüpfen.

Wenn irgend möglich, begleitet mich mein Hund auf meinen Ausflügen zu Fuß, Rad, Pferd oder Boot. Ich habe viele Hundefreunde gehabt – riesige Bulldoggen, sanfte Spaniels, jagderprobte Setter und zutrauliche Bullterrier. Augenblicklich besitzt ein Terrier die ganze Zuneigung meines Herzens. Er hat einen langen Stammbaum, ein geringeltes Schwänzlein und das drolligste Gesicht der Welt.

Die Hunde scheinen meine Behinderung zu kennen und halten sich stets dicht an meiner Seite, wenn ich allein bin. Ich liebe ihre Zärtlichkeiten und das beredte Wedeln ihres Schwanzes.

Hält mich ein regnerischer Tag im Zimmer fest, so vertreibe ich mir die Zeit wie andere Mädchen. Ich stricke und häkle gern; ich lese aufs Geratewohl, wie ich es liebe, hier eine Zeile und dort eine, oder spiele vielleicht mit einem Freund ein paar Partien Schach oder Dame. Ich habe ein besonderes Brett, auf dem die Felder vertieft sind, so daß die Figuren in ihnen feststehen. Die schwarzen Damesteine sind flach, die weißen oben gewölbt. Jeder Stein hat in der Mitte eine Vertiefung, in der ein Metallknopf zur Unterscheidung der Dame von den übrigen Steinen befestigt werden kann. Die Schachfiguren sind von zwei Größen, die weißen größer als die schwarzen, so daß ich keine Mühe habe, die Operationen meines Gegners zu verfolgen, indem ich nach jedem Zug meine Hände leicht über das Brett gleiten lasse. Das bei dem Bewegen der Figuren von einem Feld zum anderen entstehende Scharren zeigt mir an, wann die Reihe an mir ist.

Bin ich zufällig ganz allein und schlechter Laune, so lege ich mir eine Patience – ein Spiel, das ich sehr liebe. Ich benutze dazu Spielkarten, die rechts oben mit Braillezeichen versehen sind, die den Wert der Karte angeben.

Sind Kinder in meiner Nähe, so kenne ich kein größeres Vergnügen, als mit ihnen herumzutollen. Selbst das kleinste Kind ist für mich ausgezeichnete Gesellschaft, und ich freue mich, sagen zu können, daß Kinder mich in der Regel gern haben. Sie führen mich herum und zeigen mir die Dinge, die für sie von Interesse sind. Natürlich können die Kleinen noch nicht mit ihren Fingern buchstabieren, aber ich versuche, ihnen die Worte von den Lippen abzulesen. Wenn das mir nicht gelingt, so nehmen sie Zuflucht zu Gestikulationen. Mitunter mißverstehe ich sie, und ich tue etwas Verkehrtes. Dann brechen sie über mein Versehen in Gelächter aus, und die Pantomime beginnt von neuem.

Auch Museen und Kunstausstellungen sind für mich eine Quelle der Freude und der Inspiration. Ohne Zweifel wird es manchem seltsam erscheinen, daß die Hand ohne die Hilfe des Auges in kaltem Marmor Handlung, Empfindung, Schönheit wahrnehmen können soll; und doch genieße ich in der Tat die Berührung großer Kunstwerke. Wenn meine Fingerspitzen die Linien und Formen verfolgen, so entdecken sie die Idee und die Empfindung, die der Künstler dargestellt hat. Ich kann in den Zügen der Statuen Haß, Mut und Liebe wahrnehmen, genau so wie ich diese Gemütsbewegungen bei lebenden Personen erkennen kann, wenn ich ihr Gesicht berühren darf.

Ein Medaillon Homers hängt in meinem Studierzimmer an der Wand, in passender Höhe, so daß ich es leicht erreichen und das schöne, traurige Antlitz berühren kann. Wie gut ich jede Linie auf dieser hoheitsvollen Stirn kenne – Furchen, die das Leben und die bittere Erfahrung des Schmerzes gezogen haben –, diese blinden Augen, die das Licht und den blauen Himmel des geliebten Hellas suchen ... vergebens suchen; diesen schönen, festen, aufrichtigen, liebevollen Mund! Es ist das Antlitz eines Dichters, der mit dem Schmerz vertraut ist. Wie gut ich das verstehe, das ewige Dunkel, das ihn umgab –

O Nacht, Nacht, Nacht beim hellen Glanz des Mittags.
O Nacht, unwiderruflich, Finsternis
Jedweder Hoffnung bar, den Tag zu schau'n!

Ich frage mich manchmal, ob die Hand nicht empfänglicher für die Schönheiten der Plastik ist als das Auge. Ich meine, der wunderbare rhythmische Fluß der Linien läßt sich besser fühlen als sehen. Wie dem auch sei, ich weiß, daß ich den Herzschlag der alten Griechen in ihren marmornen Göttern fühlen kann.

Eine weitere Unterhaltung, zu der sich freilich seltener die Gelegenheit bietet als zu den übrigen, ist der Theaterbesuch. Ich profitiere von der Beschreibung eines Stückes während der Bühnenaufführung viel mehr als von seiner Lektüre, weil ich mich dabei selbst mitten in die dargestellten Ereignisse versetzt glaube. Ich habe das Glück gehabt, ein paar große Schauspieler und Schauspielerinnen persönlich kennenzulernen, die die Macht besaßen, die Zuhörer so in ihrem Bann zu halten, daß sie darüber Zeit und Raum vergaßen. Ich habe Gesicht und Kostüm von Ellen Terry berühren dürfen, während sie das Ideal einer Königin verkörperte. Neben ihr stand Sir Henry Irving, angetan mit den Insignien der Königswürde, und in jeder Gebärde, in seiner ganzen Haltung lag Geisteshoheit, aus jedem Zug seines ausdrucksvollen Gesichts sprach Herrscherbewußtsein. In dem Königsantlitz, das er als Maske trug, lagen eine Vornehmheit und ein Erhabensein über den Schmerz, die ich nie vergessen werde.

Ich erinnere mich noch sehr gut an meinen ersten Theaterbesuch. Miss Sullivan nahm mich zur Aufführung von Mark Twains «Der Prinz und der Bettelknabe» mit. Nie werde ich den Wechsel von Heiterkeit und Trauer vergessen, der in dem hübschen kleinen Stück herrschte, oder das wunderbare Kind, das in ihm auftrat. Nach Beendigung der Vorstellung durfte ich hinter die Kulissen gehen und es in seinem Königsgewand betasten. Ich lernte damals eben sprechen und hatte mir vorher seinen Namen so oft wiederholt, bis ich ihn ganz deutlich aussprechen konnte. Man kann sich mein Entzücken denken, als es die wenigen Worte, die ich zu ihm sprach, verstand und mir sofort die Hand zur Begrüßung entgegenstreckte.

Ist es nicht wahr, daß mein Leben mit all seinen Beschränkungen in vielen Punkten dem Leben der großen Welt gleicht? Alles besitzt sein Wunderbares, selbst Dunkelheit und Stille, und ich lerne, mich unter allen Umständen mit meiner Lage abzufinden.

Manchmal allerdings befällt mich ein Gefühl der Vereinsamung wie ein kalter Nebel, wenn ich allein bin und wartend vor dem geschlossenen Tor des Lebens sitze. Da drinnen ist Licht und Musik und heitere Geselligkeit; aber mir ist der Eintritt verwehrt. Das Schicksal versperrt mir schweigend, erbarmungslos den Weg. Gern würde ich mit ihm hadern, denn mein Herz ist noch ungebärdig und leidenschaftlich; aber meine Zunge will die bitteren, nutzlosen Worte, die sich auf meine Lippen drängen, nicht aussprechen, und sie sinken in mein Herz zurück wie unvergossene Tränen. Schweigen lagert über meiner Seele. Dann naht sich die Hoffnung mit einem Lächeln und flüstert zu mir: «Auch im Selbstvergessen liegt Genuß.» Und so versuche ich, das Licht in den Augen anderer zu meiner Sonne, die Musik in den Ohren anderer zu meiner Symphonie, das Lächeln auf den Lippen anderer zu meinem Glück zu machen.

22

Ich wollte, ich könnte in dieser Skizze die Namen aller derer aufführen, die zu meinem Glück beigetragen haben. Es sind Festtage in meinem Leben, wenn ich Menschen begegne, deren Handschlag voller unausgesprochener Sympathie ist und deren milde, gebildete Natur meinem ungestümen, ungeduldigen Gemüt Ruhe vermittelt. Die Ratlosigkeit, die Erbitterung, die Sorgen, die mich verfolgt haben, verschwinden wie böse Träume, und ich erwache, um die Welt mit neuen Augen zu sehen und mit neuen Ohren zu hören. Das Alltagsleben gewinnt plötzlich eine höhere, umfassendere Bedeutung. Mit einem Wort, in der Nähe solcher Freunde fühle ich, daß alles gut ist. Vielleicht habe ich sie nie zuvor gesehen, und vielleicht werden sich unsere Lebenspfade nie mehr kreuzen, aber ihr Einfluß wirkt wie ein kühlendes Bad auf meine Unzufriedenheit, und ich spüre die von ihm ausgehende, heilkräftige Wirkung, wie der Ozean die Bergströme spürt, die seine Fluten erfrischen.

Ich bin oft gefragt worden: «Gehen Ihnen die Leute nicht auf die Nerven?» Ich verstehe nicht ganz, was das heißen soll. Die Besuche taktloser, neugieriger Menschen, vor allem Journalisten, sind stets unangenehm. Auch mag ich Leute nicht, die sich im Gespräch zu meinem Standpunkt herabzulassen bemühen. Sie gleichen denen, die sich bemühen, ihre Schritte zu verkürzen, um sie kleineren Menschen anzupassen; beides ist pure Heuchelei.

Die Hände der Menschen sprechen für mich eine beredte Sprache. Die Berührung mancher Hände ist eine Beleidigung. Ich bin Leuten begegnet, die so bar aller Lebensfreude waren, daß es mir bei der Berührung ihrer eisigen Fingerspitzen vorkam, als reiche ich einem Nordoststurm die Hand. Es gibt andere, deren Hände gleichsam Sonnenstrahlen in sich tragen, so daß mir ihre Berührung das Herz erwärmt. Es braucht nur der Druck einer Kinderhand zu sein; aber für mich liegt darin ebensoviel Wärme wie für andere in einem Liebesblick. Ein herzlicher Händedruck oder ein freundlicher Brief macht mir stets Freude.

Ich rechne es zu den Privilegien meines Lebens, viele bedeutende Persönlichkeiten kennengelernt zu haben. Bischof Brooks ließ mich als Kind auf seinen Knien sitzen und legte meine kleine Hand auf seine große, während Miss Sullivan mir in die andere seine Worte über Gott und das Jenseits buchstabierte. Ich hörte ihm mit kindlichem Staunen zu. Mein Geist konnte dem Flug des seinigen nicht folgen, aber er lehrte mich wahre Lebensfreude, und ich verließ ihn nie, ohne einen erhebenden Gedanken mit mir fortzutragen, der an Schönheit und Tiefe zunahm, je mehr ich heranwuchs. Als ich einst über die vielen Religionen verwirrt war, sagte er zu mir: «Es gibt nur *eine* Weltreligion, Helen – die Religion der Liebe.»

Seit Bischof Brooks' Tod habe ich die Bibel von Anfang bis zu Ende gelesen, ebenso einige philosophische Werke über Religion, unter ihnen Swedenborgs «Himmel und Hölle» und Drummonds «Ascent of Man»; ich habe jedoch kein Glaubensbekenntnis oder -system gefunden, das mich mehr befriedigt hätte als Bischof Brooks' Religion der Liebe.

Meine erste Begegnung mit Dr. Alexander Graham Bell habe ich schon erwähnt. Seitdem habe ich viele glückliche Tage mit ihm in Washington und auf seinem schönen

Landsitz im Innern von Cape Breton Island verlebt. Hier habe ich in Dr. Bells Laboratorium oder auf den Feldern am Ufer des großen Bras d'Or viele amüsante Stunden zugebracht, in denen er mir von seinen Experimenten erzählte und ich ihm beim Steigenlassen der Drachen half, mittels derer er die Gesetze, die die Luftschiffahrt der Zukunft beherrschen sollten, zu ergründen hoffte. Dr. Bell besitzt die Gabe, alles, was er in die Hand nimmt, interessant zu machen, selbst die verwickeltsten Fragen. Man hat bei ihm das Gefühl, daß, wenn man nur ein wenig mehr Zeit hätte, man auch ein Erfinder sein könnte. Dazu hat er eine humoristische und eine poetische Seite. Seine Hauptleidenschaft ist seine Liebe zu Kindern. Nie ist er so glücklich, als wenn er ein kleines gehörloses Kind in seinen Armen hält. Sein Engagement für die Gehörlosen wird auch künftigen Generationen von Kindern noch Segen bringen.

In den zwei Jahren, die ich in New York verbrachte, hatte ich oft Gelegenheit, mit hervorragenden Persönlichkeiten zu sprechen, deren Namen ich oft gehört, mit denen ich aber niemals zusammenzutreffen gehofft hatte. Zum größten Teil lernte ich sie im Haus meines lieben Freundes Laurence Hutton kennen. Vor allem Mrs. Hutton ist eine aufrichtige, bewährte Freundin. Vieles, was ich für das Beste und Wertvollste halte, verdanke ich ihr. Oft hat sie mir während meines Universitätsstudiums mit Rat und Tat beigestanden. Wenn ich meine Lebensaufgabe schwer und entmutigend finde, so schreibt sie mir Briefe, die mich wieder froh und zuversichtlich machen; von ihr habe ich gelernt, daß die Erfüllung einer mühevollen Pflicht die Erfüllung der nächsten einfacher und leichter macht.

Mr. Hutton stellte mich vielen seiner Schriftstellerfreunde vor, u. a. auch Mark Twain. Von Mark Twains

Lippen las ich einige seiner schönsten Erzählungen ab. Er hat eine eigene Art, zu denken, zu sprechen und zu handeln. Ich fühle das Zwinkern seiner Augen in seinem Händedruck. Noch während er seine zynische Weisheit auf unbeschreiblich komische Weise vorbringt, fühlt man, daß sein Herz voll tiefsten, innigsten Mitgefühls ist.

Es gibt noch eine Menge anderer interessanter Leute, mit denen ich in New York zusammengetroffen bin, und in der Tat gibt es in bezug auf sie Dinge, die sich hinter Cherubsschwingen bergen, Dinge, die mir zu heilig sind, um in kalte Druckschrift umgesetzt zu werden.

Meine Freunde haben mein Leben zu dem gemacht, was es ist. In tausenderlei Weise haben sie meine Behinderung in herrliche Vorrechte verwandelt und mir geholfen, heiter und glücklich in dem von meinen körperlichen Mängeln geworfenen Schatten zu wandeln.

II. Teil

Auswahl der Briefe Helen Kellers von 1887 bis 1900

Helen Kellers erste Briefe bis zum Eintritt ins College sind ein Spiegel des Wachstums ihrer Gedankenwelt und ihrer Ausdrucksfähigkeit – jenes Aufblühens, das sie in erster Linie so bemerkenswert gemacht hat.

Anne Sullivan begann Helen Keller am 3. März 1887 zu unterrichten. Dreieinhalb Monate, nachdem dem Kind das erste Wort in die Hand buchstabiert worden war, schrieb es mit Bleistift folgenden Brief:

*An die Cousine Anna**

Tuscumbia, Alabama, 17. Juni 1887

helen write anna george will give helen apple simpson will shoot bird jack will give helen stick of candy doctor will give mildred medicine mother will make mildred new dress

(helen schreiben anna george wird helen apfel geben simpson wird vogel schießen jack wird helen zuckerstengel geben doktor wird mildred medizin geben mama wird mildred neues kleid machen)

(ohne Unterschrift)

An die Mutter

Huntsville, Alabama, 12. Juli 1887

helen will write mother letter papa did give helen medicine mildred will sit in swing mildred did kiss helen teacher did give helen peach george is sick in bed george arm is hurt anna did give helen lemonade dog did stand up.

* Die ersten Äußerungen Helens sind englisch wiedergegeben, damit ihre eigenartige Ausdrucksweise erhalten bleibt.

conductor did punch ticket papa did give helen drink of water in car.

carlotta did give helen flowers anna will buy helen pretty new hat helen will hug and kiss mother helen will come home grandmother does love helen

good-by (ohne Unterschrift)

helen wird mutter brief schreiben papa tat helen medizin geben mildred wird in schaukel sitzen mildred tat helen küssen fräulein tat helen pfirsich geben george ist krank im bett george arm ist weh anna tat helen limonade geben hund tat aufstehen.

schaffner tat fahrkarte knipsen papa tat helen wasser zu trinken geben in wagen.

carlotta tat helen blumen geben anna wird helen hübschen neuen hut kaufen helen wird mama liebhaben und küssen helen wird nach hause kommen großmama tut helen gern haben.

adieu

An die blinden Mädchen im Perkins-Institut in Boston

Tuscumbia, September 1887

Helen will write little blind girls a letter Helen and teacher will come to see little blind girls Helen and teacher will go in steam car to boston Helen and blind girls will have fun blind girls can talk on fingers Helen will see Mr. anagnos Mr. anagnos will love and kiss Helen Helen will go to school with blind girls Helen can read and count and spell and write like blind girls mildred will not go to boston Mildred does cry prince and jumbo will go to boston papa does shoot ducks with gun and ducks do fall in water and jumbo and mamie do swim in water and bring ducks out in mouth to papa Helen does play with dogs Helen does ride on horseback with teacher Helen does give handee grass in hand teacher does whip handee to go fast Helen is blind Helen will put letter in envelope for blind girls

good-by
Helen Keller

Helen will kleinen blinden mädchen einen brief schreiben Helen und lehrerin wird kleine blinde mädchen besuchen Helen und lehrerin wird in eisenbahn nach boston fahren Helen wird mit blinden mädchen spielen blinde mädchen können die fingersprache Helen wird Mr. anagnos besuchen Mr. anagnos wird Helen küssen und gern haben Helen wird mit blinden mädchen zur schule gehen Helen kann lesen und rechnen und buchstabieren und schreiben wie blinde mädchen mildred wird nicht nach boston gehen Mildred tut weinen prince und jumbo werden nach boston fahren papa tut enten mit flinte schießen und enten tun in wasser fallen und jumbo und mamie tun in wasser schwimmen und enten im maul zu papa herausbringen Helen tut mit hunden spielen Helen tut mit lehrerin ausreiten Helen tut handee gras in hand geben lehrerin tut handee schlagen um rasch zu gehen Helen ist blind Helen wird brief in umschlag stecken für blinde mädchen

adıeu
Helen Keller

Ein paar Wochen später ist ihr Stil korrekter und gewandter, obgleich sie immer noch den Artikel ausläßt und die Konstruktion mit «did» für das Imperfekt gebraucht. Es ist eine Eigenart, die sich bei vielen Kindern findet.

An die blinden Mädchen im Perkins-Institut

Tuscumbia, 24. Oktober 1887

dear little blind girls

I will write you a letter I thank you for pretty desk I did write mother in memphis on it mother and mildred came home wednesday mother brought me a pretty new dress and hat papa did go to huntsville he brought me apples and candy I and teacher will come to boston and see you nancy is my doll she does cry I do rock nancy to sleep mildred is sick doctor give her medicine to make her well. I and teacher did go to church sunday mr. lane did read in book and talk Lady did play organ. I did give man money in basket. I will be good girl and teacher will curl my hair lovely. I will hug und kiss little blind girls mr. anagnos will come to see me.

good-by
Helen Keller

liebe kleine blinde mädchen

ich will euch einen brief schreiben ich danke euch für hübsches pult ich tat darauf an mama nach memphis schreiben mama und mildred kamen mittwoch nach hause mama brachte mir ein hübsches neues kleid und hut papa tat nach huntsville fahren er brachte mir äpfel und bonbons ich und lehrerin wollen nach boston kommen und euch besuchen nancy ist meine puppe sie tut weinen und ich tue nancy in schlaf wiegen mildred ist krank doktor wird ihr medizin geben um sie gesund zu machen. Ich und lehrerin taten sonntag zur kirche gehen Mr. lane tat in buch lesen und reden Lady tat orgel spielen. Ich tat mann geld in Korb geben. Ich will braves mädchen sein und lehrerin wird mein haar schön locken. Ich werde kleine blinde mädchen liebhaben und küssen Mr. anagnos wird mich besuchen.

adieu
Helen Keller

Mit Beginn des nächsten Jahres wird Helens Ausdrucksweise bestimmter. Sie gebraucht mehr Adjektive, auch Farbadjektive. Obgleich sie keine sinnliche Kenntnis von Farben haben kann, vermag sie doch die Worte in zutreffender Weise zu gebrauchen.

An Michael Anagnos

Tuscumbia, Ala., 3. Mai 1888

Lieber Mr. Anagnos, ich freue mich, heute an Sie schreiben zu können, da ich Sie sehr liebe. Ich war sehr glücklich, hübsches Buch und gute Bonbons und zwei Briefe von Ihnen zu erhalten. Ich werde Sie bald besuchen und viele Fragen über Länder an Sie richten und Sie werden gutes Kind lieben.

Mutter macht mir hübsche, neue Kleider für Boston, und ich werde niedlich aussehen, um kleine Mädchen und Knaben und Sie zu besuchen. Freitag gingen Lehrerin und ich zu einem Picknick mit kleinen Kindern. Wir spielten Spiele und aßen unter den Bäumen zu Mittag und wir fanden Farne und wilde Blumen. Ich ging in die Wälder und lernte Namen von vielen Bäumen. Es gibt Pappel- und Zedern- und Fichten- und Eichen- und Eschen- und Hickory-

und Ahornbäume. Sie machen einen angenehmen Schatten, und die kleinen Vögel lieben es, auf den Bäumen hin und her zu schaukeln und zu singen. Kaninchen hüpfen und Eichhörnchen rennen und häßliche Schlangen kriechen in den Wäldern. Geranien und Jasminrosen sind Zierpflanzen. Ich helfe Mutter und Lehrerin sie jeden Abend vor dem Essen begießen.

Vetter Arthur machte mir eine Schaukel in der Esche. Tante Ev. ist nach Memphis gegangen. Onkel Frank ist hier. Er pflückt Erdbeeren für das Mittagessen. Nancy ist wieder krank, neue Zähne machen ihr weh. Adeline ist gesund und sie kann am Montag mit mir nach Cincinnati gehen. Tante Ev. will mir eine Puppe schicken, Harry wird Nancys und Adelines Bruder sein. Kleine Schwester ist gutes Mädchen.

Ich bin jetzt müde und will nach unten gehen. Ich sende Ihnen mit Brief viele Küsse und Umarmungen.

Ihr Lieblingskind
Helen Keller

An Evelina H. Keller

Boston, 29. Oktober 1888

Meine liebe Tante! Ich werde sehr bald nach Hause kommen, und ich denke, Du und jedermann wird sehr froh sein, meine Lehrerin und mich wiederzusehen. Ich freue mich sehr, daß ich viel über viele Dinge gelernt habe. Ich lerne Französisch und Deutsch und Latein und Griechisch. *Se agapo* ist Griechisch und heißt: Ich liebe dich. *J'ai une bonne petite sœur* ist Französisch und heißt: Ich habe eine gute kleine Schwester. *Nous avons un bon père et une bonne mère* heißt: Wir haben einen guten Vater und eine gute

Mutter. *Puer* ist Knabe im Lateinischen und *Mutter* ist mother im Deutschen. Ich will Mildred viele Sprachen lehren, wenn ich nach Hause komme.

Helen A. Keller

An Della Bennett

Tuscumbia, Ala., 29. Januar 1889

Meine liebe Miss Bennett: Es freut mich sehr, Ihnen heute morgen zu schreiben. Wir haben gerade gefrühstückt. Mildred rennt drunten herum. Ich habe in meinem Buch über Astronomie gelesen. Astronom kommt vom lateinischen Wort *astra*, das Stern heißt; und Astronomen sind Männer, die die Sterne studieren und uns davon erzählen. Wenn wir ruhig in unseren Betten schlafen, beobachten sie den schönen Himmel mit einem Teleskop. Ein Teleskop ist wie ein sehr scharfes Auge. Die Sterne sind so weit weg, daß die Menschen ohne sehr gute Instrumente nicht viel von ihnen erfahren können. Schauen Sie gern aus Ihrem Fenster, um die kleinen Sterne zu sehen? Lehrerin sagt, daß sie Venus von unserem Fenster sehen kann und daß es ein großer und schöner Stern ist. Man nennt die Sterne die Brüder und Schwestern der Erde.

Es gibt eine große Menge Instrumente außer denen, die die Astronomen benützen. Ein Messer ist ein Instrument zum Schneiden. Ich denke, die Glocke ist auch ein Instrument. Ich werde Ihnen sagen, was ich von Glocken alles weiß.

Manche Glocken sind wohlklingend und manche nicht. Es gibt kleine und sehr große. Ich kenne eine sehr große Glocke in Wellesley. Sie kam von Japan. Glocken werden für verschiedene Zwecke benützt. Sie zeigen uns an, wann das Frühstück bereit ist, wann die Schule anfängt, wann es Zeit für die Kirche ist und wann ein Brand ausgebrochen ist. Sie sagen den Leuten, wann sie zur Arbeit gehen müssen und wann sie heimgehen und sich ausruhen können. Die Lokomotiv-Glocke zeigt den Reisenden an, daß sie an einer Station ankommen, und sagt den Leuten, daß sie aus dem Weg gehen müssen. Manchmal passieren schreckliche Unfälle, und viele Leute werden verbrannt und ertrinken oder werden verletzt. Neulich zerbrach ich den Kopf meiner Puppe, aber das war kein schrecklicher Unfall, weil Puppen nicht leben und fühlen wie Menschen. Meinen kleinen Tauben geht es gut und auch meinem Vögelchen. Ich hätte gern Ton. Lehrerin sagt, es sei Zeit für mich jetzt zu lernen. Adieu.

Mit vielen Grüßen und Küssen
Helen A. Keller

Im Lauf des Frühjahrs nahm Helens Ausdrucksweise echt englisches Gepräge an. Seit Mai 1889 finden sich, abgesehen von einigen Schreibfehlern, keine Verstöße gegen die Regeln der Sprache mehr; sie gebraucht die Wörter richtig und bildet fließende Sätze. So schreibt sie am 18. Mai in einem Brief an Mr. Anagnos:

Mein lieber Mr. Anagnos: Sie können sich nicht vorstellen, wie erfreut ich war, gestern abend einen Brief von Ihnen zu erhalten. Es tut mir sehr leid, daß Sie so weit fortgehen. Wir werden Sie sehr, sehr vermissen. Ich würde gern viele schöne Städte mit Ihnen besuchen. Als ich in Huntsville war, traf ich Dr. Bryson, und er erzählte mir, er sei in Rom,

Athen, Paris und London gewesen. Er hat die hohen Berge in der Schweiz erstiegen, schöne Kirchen in Italien und Frankreich besucht und viele alte Schlösser gesehen. Ich hoffe, daß Sie mir, bitte, aus all den Städten, die Sie besuchen, schreiben werden. Wenn Sie nach Holland kommen, so grüßen Sie bitte die schöne Prinzessin Wilhelmine herzlichst von mir. Sie ist ein liebes kleines Mädchen, und wenn sie alt genug ist, so wird sie Königin von Holland werden. Wenn Sie nach Rumänien kommen, so fragen Sie, bitte, die Königin nach ihrem kleinen kranken Bruder und sagen Sie ihr, daß ich sehr traurig bin, daß ihr geliebtes Töchterchen gestorben ist. Ich möchte gern Vittorio, dem kleinen Prinzen von Neapel, einen Kuß senden, aber Lehrerin sagt, sie fürchte, Sie könnten so viele Aufträge nicht behalten. Wenn ich dreizehn Jahre alt bin, so werde ich sie alle selbst besuchen ...

Im Sommer war Anne Sullivan dreieinhalb Monate verreist. Es war die erste Trennung zwischen Lehrerin und Schülerin. Nur selten waren sie in den nächsten fünfzehn Jahren mehr als einige wenige Tage voneinander getrennt.

Tuscumbia, Ala., 7. August 1889

Liebste Lehrerin! Ich freue mich sehr, Ihnen heute abend schreiben zu können, denn ich habe den ganzen Tag viel an Sie gedacht.

Ich sitze auf der Veranda, und meine kleine weiße Taube sitzt auf der Lehne meines Stuhles, während ich schreibe. Ihr kleiner brauner Gefährte ist mit den übrigen Vögeln davongeflogen, aber Annie* ist nicht traurig, denn sie leistet mir gern Gesellschaft . . .

Der kleine Arthur** wächst sehr schnell. Er hat jetzt ein kurzes Kleidchen an. Cousine Leila glaubt, daß er bald gehen wird. Dann will ich sein weiches Patschhändchen nehmen und mit ihm im hellen Sonnenschein spazierengehen. Er wird die größten Rosen pflücken und auf die lustigen Schmetterlinge Jagd machen. Ich werde sehr gut auf ihn aufpassen, damit er nicht fällt und sich weh tut . . .

Ein Herr schenkte mir eine schöne Karte. Sie stellt eine Mühle an einem schönen Bach dar. Auf dem Wasser schwimmt ein Boot, und rings um das Boot wachsen duftende Lilien. Nicht weit von der Mühle liegt ein altes Haus, das dicht von Bäumen umgeben ist. Auf dem Dach des Hauses sitzen acht Tauben, und auf der Schwelle liegt ein Hund . . .

Ich lese täglich in meinen Büchern. Ich liebe sie sehr, sehr, sehr, sehr. Ich möchte, daß Sie bald zu mir zurückkehren. Ich vermisse Sie so sehr. Ich kann vieles nicht verstehen, wenn meine liebe Lehrerin nicht hier ist. Ich sende Ihnen fünftausend Küsse und mehr Liebe, als ich sagen kann.

Ihre dankbare kleine Schülerin
Helen A. Keller

Im Herbst kehrten Helen und Miss Sullivan ins Perkins-Institut in Boston zurück.

* So hatte Helen die Taube nach ihrer Lehrerin genannt.

** Helens jüngster Bruder

An Mildred Keller

South Boston, 24. Oktober 1889

Meine geliebte kleine Schwester: Guten Morgen. Mit diesem Brief schicke ich Dir ein Geburtstagsgeschenk. Ich hoffe, daß es Dir gut gefallen wird, denn es macht mich sehr glücklich, es Dir zu senden. Das Kleid ist blau wie Deine Augen, und Bonbons sind süß wie Du selbst. Ich denke, Mutter wird das Kleid gern für Dich machen, und wenn Du es trägst, wirst du so hübsch wie eine Rose sein. Das Bilderbuch wird Dir alles von vielen merkwürdigen und wilden Tieren erzählen. Du brauchst nicht Angst davor zu haben. Sie können nicht aus dem Bild herauskommen und Dir etwas tun.

Ich gehe jeden Tag in die Schule und lerne viele neue Dinge. Um acht Uhr lerne ich Arithmetik. Um neun Uhr gehe ich mit den kleinen Mädchen in den Turnsaal, und wir amüsieren uns sehr. Ich wünschte, Du könntest hier sein, und Drei kleine Eichhörnchen mit uns spielen, und Zwei sanfte Tauben und mit uns ein hübsches, kleines Nest für ein junges Rotkehlchen machen. Die Spottdrossel lebt nicht im kalten Norden. Um zehn Uhr lerne ich von der Erde, auf der wir leben. Um elf Uhr spreche ich mit meiner Lehrerin, und um zwölf Uhr lerne ich Zoologie. Ich weiß noch nicht, was ich am Nachmittag tun werde.

Nun adieu, meine liebe kleine Mildred. Sag Vater und Mutter viele Grüße und umarme und küsse sie für mich.

Deine dich liebende Schwester
Helen A. Keller

An William Wade

South Boston, Mass., 20. November 1889

Mein lieber Mr. Wade: Ich bekam gerade einen Brief von meiner Mutter, in dem sie mir mitteilt, daß die schöne kleine Bulldogge, die Sie mir geschickt haben, gut in Tuscumbia angekommen ist. Danke vielmals für das hübsche Geschenk. Es tat mir sehr leid, daß ich nicht zu Hause war, um es willkommen zu heißen; aber meine Mutter und meine kleine Schwester werden sehr lieb mit ihr sein, während ihre Herrin fort ist. Ich hoffe, sie fühlt sich nicht allein und unglücklich. Ich glaube, daß junge Hunde sehr heimwehkrank sein können, genau wie kleine Mädchen. Ich möchte sie Löwin nennen, nach Ihrem Hund. Darf ich? Ich hoffe, sie wird sehr treu sein – und auch tapfer.

Ich lerne in Boston mit meiner lieben Lehrerin. Ich lerne eine Menge neuer und wundervoller Dinge; von der Erde und den Tieren, und ich habe Mathematik besonders gern. Ich lerne auch viele neue Wörter. *Exceedingly* [über die Maßen] lernte ich gestern. Wenn ich Löwin sehe, werde ich ihr viele Sachen sagen, die sie erstaunen werden. Ich denke, sie wird lachen, wenn ich ihr sage, daß sie ein Wirbeltier, ein Säugetier, ein Vierfüßler ist, und ich muß ihr leider auch sagen, daß sie ein Fleischfresser ist. Ich lerne auch Französisch. Wenn ich französisch mit Löwin spreche, werde ich *mon beau chien* zu ihr sagen. Bitte, sagen Sie Löwe, daß ich Löwin gut pflegen werde. Es würde mich sehr glücklich machen, wenn Sie mir wieder schreiben würden.

Von Ihrer Sie liebenden kleinen Freundin,
Helen A. Keller

PS: Ich gehe im Perkins-Blindeninstitut in die Schule.

*An Dr. Oliver Wendell Holmes**

South Boston, Mass., 1. März 1890

Lieber, freundlicher Dichter: Seit dem schönen Sonntag, an dem ich Ihnen adieu sagte, habe ich oft an Sie gedacht, und ich schreibe Ihnen diesen Brief, weil ich Sie liebe. Es tut mir leid, daß Sie keine kleinen Kinder haben, mit denen Sie manchmal spielen können; aber ich denke, daß Sie mit Ihren Büchern sehr glücklich sind und mit Ihren vielen, vielen Freunden. An Washingtons Geburtstag kamen sehr viele Leute hierher, um die blinden Kinder zu besuchen, und ich las ihnen aus Ihren Gedichten vor und zeigte ihnen einige schöne Muscheln, die von einer kleinen Insel in der Nähe von Palos kommen.

Ich lese eine sehr traurige Geschichte, die «Little Jakey» heißt. Jakey war der herzigste kleine Kerl, den man sich denken kann, aber er war arm und blind. Als ich klein war und bevor ich lesen konnte, glaubte ich, daß jedermann immer glücklich sei, und zuerst machte es mich sehr traurig, von Schmerz und großem Kummer zu hören; aber jetzt weiß ich, daß wir nie lernen würden, mutig und geduldig zu sein, wenn es nur Freude auf der Welt gäbe.

Ich lerne jetzt in Zoologie von den Insekten, und ich habe viel über Schmetterlinge erfahren. Sie machen keinen Honig für uns, wie die Bienen, aber viele von ihnen sind so schön wie die Blumen, auf die sie sich setzen, und sie entzücken immer die Herzen der kleinen Kinder. Sie leben ein frohes Leben, von Blume zu Blume flatternd, Tröpfchen von Honigtau schlürfend, ohne sich über das Morgen Gedanken zu machen. Sie sind gerade wie kleine Jungen und Mädchen, wenn sie ihre Bücher und Aufgaben vergessen

* amerikanischer Arzt und Schriftsteller (1809–1894)

und in die Wälder und Felder laufen, um wilde Blumen zu pflücken, oder in die Teiche zu waten, um duftende Wasserlilien zu holen, glücklich im hellen Sonnenschein.

Wenn meine kleine Schwester nächsten Juni nach Boston kommt, darf ich sie zu Ihnen bringen? Sie ist ein reizendes Baby, und ich bin sicher, daß Sie sie gern haben werden.

Jetzt muß ich meinem lieben Dichter adieu sagen, denn ich muß noch einen Brief nach Hause schreiben, ehe ich ins Bett gehe.

Von Ihrer Sie liebenden kleinen Freundin,
Helen A. Keller

*An Sarah Fuller**

South Boston, Mass., 3. April 1890

Meine liebe Miss Fuller,

mein Herz ist an diesem schönen Morgen voll Freude, weil ich viele neue Wörter sprechen gelernt habe und ein paar Sätze bilden kann. Gestern abend ging ich in den Hof hinaus und sprach den Mond an. Ich sagte: O Mond, komm zu mir! Glauben Sie, daß sich der liebe Mond freute, als er mich sprechen hörte? Wie froh wird meine Mutter sein! Ich kann den Juni kaum erwarten, so sehnlich wünsche ich, mit ihr und meiner reizenden kleinen Schwester sprechen zu können. Mildred konnte mich nicht verstehen, wenn ich mit meinen Fingern buchstabierte, aber jetzt wird sie auf meinem Schoß sitzen, und ich werde ihr viele schöne Dinge erzählen, und wir werden so glücklich miteinander sein. Sind Sie sehr, sehr glücklich, daß Sie so viele Menschen glücklich machen? Ich glaube, Sie sind sehr gütig und

* Miss Fuller gab Helen Keller ihren ersten Sprechunterricht.

geduldig, und ich liebe Sie von ganzem Herzen. Meine Lehrerin sagte mir am Dienstag, Sie wollten wissen, wie der Wunsch in mir aufstieg, mit meinem Mund zu sprechen. Ich will es Ihnen ausführlich erzählen, denn ich erinnere mich ganz genau daran. Als ich ein ganz kleines Kind war, pflegte ich die ganze Zeit auf dem Schoß meiner Mutter zu sitzen, weil ich sehr ängstlich war und nicht gern allein blieb. Ich hielt fortwährend meine kleine Hand an ihr Gesicht, weil es mir Spaß machte, zu fühlen, wie sich ihr Gesicht und ihre Lippen bewegten, wenn sie mit anderen sprach. Ich wußte damals noch nicht, was sie tat, denn ich war in allem ganz unwissend. Als ich dann älter wurde, lernte ich mit meiner Kinderfrau und den kleinen Negerkindern spielen und bemerkte, daß sie ihre Lippen genau wie meine Mutter bewegten; daher bewegte ich auch die meinen, aber es machte mich mitunter zornig, und ich hielt meinen Spielgefährten den Mund zu. Ich wußte damals noch nicht, daß das sehr unartig war. Nach langer Zeit kam meine liebe Lehrerin zu mir und lehrte mich, wie ich mich mit meinen Fingern verständlich machen könnte, und ich war glücklich und zufrieden. Als ich dann aber in die Schule nach Boston kam, traf ich mehrere taube Leute, die mit ihrem Mund sprachen wie alle anderen Menschen, und eines Tages kam eine Dame, die in Norwegen gewesen war, mich besuchen und erzählte mir von einem blinden und tauben Mädchen, das sie in jenem fernen Lande gesehen hatte und das sprechen und andere verstehen gelernt hatte, wenn sie zu ihr sprachen. Diese guten, fröhlichen Nachrichten entzückten mich über die Maßen, denn jetzt war ich überzeugt, daß ich es auch lernen würde. Ich versuchte, Töne hervorzubringen wie meine kleinen Spielkameraden, aber Miss Sullivan sagte mir, die Stimme sei etwas sehr Zartes und Empfindliches, und ich würde sie schädigen, wenn ich falsche Töne ausstieße, und sie versprach mir, mich zu einer freundlichen klugen Dame mitzunehmen, die mich lehren würde, Töne richtig hervorzubringen. Diese Dame waren Sie. Jetzt bin ich so glücklich wie die kleinen Vögel, denn ich kann sprechen, und vielleicht werde ich sogar singen lernen. Alle meine Freunde werden darüber erstaunt und erfreut sein.

Ihre Sie liebende kleine Schülerin
Helen A. Keller

An die Mutter

South Boston, 13. April 1893

... Lehrerin, Mrs. Pratt und ich entschlossen uns ganz unerwartet zu einer Reise mit dem lieben Dr. Bell zu Mr. Westervelt, einem Herrn, den Vater in Washington kennenlernte und der eine Gehörlosenschule in Rochester hat. Dorthin gingen wir zuerst ...

Mr. Westervelt gab einen Empfang für uns an einem Nachmittag. Es kamen viele Leute. Manche stellten sonderbare Fragen. Eine Dame schien überrascht, daß ich Blumen liebe, obgleich ich ihre schönen Farben nicht sehen kann ... Aber natürlich liebt man Blumen nicht nur wegen der Farbe ...

Nach dem Empfang gingen wir ins Hotel zurück, und meine Lehrerin schlief ein, ohne etwas von der großen Überraschung zu ahnen, die wir für sie planten. Dr. Bell und ich dachten es uns aus, und er machte alle Vorbereitungen, ehe wir ihr sagten, daß wir die Niagarafälle besichtigen wollten ...

Du kannst dir nicht vorstellen, was ich empfand, als ich

vor dem Niagara stand, außer wenn du dieselben geheimnisvollen Gefühle hast wie ich. Ich konnte fast nicht verstehen, daß es Wasser war, das ich rauschen und sich mit ungezügelter Wut in die Tiefe zu meinen Füßen stürzen fühlte. Es schien ein lebendes Wesen zu sein, das einem schrecklichen Schicksal entgegenraste. Ich wollte, ich könnte den Wasserfall schildern, wie er ist, seine Schönheit und Majestät, das furchtbare, unhaltbare Hinabstürzen des Wassers in den Abgrund. Man fühlt sich in Gegenwart einer solch ungeheuren Kraft hilflos und überwältigt. Ich hatte schon einmal dasselbe Gefühl, als ich am Strand des Ozeans stand und die Wellen ans Ufer schlagen fühlte. Ich glaube, auch du hast diese Empfindung, wenn du in der Nacht zu den Sternen aufblickst, nicht wahr? ... Wir fuhren ungefähr vierzig Meter in einem Aufzug hinunter, um die heftigen Wogen und Wirbel in der tiefen Schlucht unterhalb des Falles zu beobachten. Drei Kilometer von den Fällen ist eine wundervolle Hängebrücke. Sie überspannt die Schlucht in einer Höhe von fünfundachtzig Metern über dem Wasser und wird auf beiden Seiten von Türmen aus Felsen gehalten, die zweihundertsechzig Meter voneinander entfernt sind ...

Es wird dich freuen, zu hören, liebe Mutter, daß eine nette Dame, Miss Hooker, versucht, meine Aussprache zu verbessern. Ich hoffe und bete, daß ich eines Tages gut sprechen werde! ...

An Caroline Derby

Hulton, Penn., 17. August 1893

... Jedermann an der Weltausstellung ist sehr freundlich zu mir ... Fast alle Aussteller ließen mich bereitwillig die zerbrechlichsten Sachen betasten. Ein französischer Herr, dessen Namen ich vergessen habe, zeigte mir die großen französischen Bronzen. Ich glaube, sie gefielen mir mehr als alles andere in der Ausstellung: Sie waren so lebendig und wundervoll anzufühlen ... In der Abteilung von Tiffany hielt ich den schönen Tiffany-Diamanten, der auf hunderttausend Dollar Wert geschätzt wird, in der Hand und berührte viele seltene und kostbare Dinge. Ich saß in König Ludwigs Lehnstuhl und fühlte mich wie eine Königin ...

An Caroline Derby

Wright-Humason School, New York, 15. März 1895

... Ich glaube, ich habe Fortschritte im Lippenlesen gemacht, obwohl ich es noch immer sehr schwer finde, schnelles Sprechen zu lesen, aber ich bin sicher, daß ich es eines Tages kann, wenn ich Ausdauer habe. Dr. Humason versucht noch immer, meine Aussprache zu verbessern. Oh, Carrie, wie gern möchte ich wie andere Leute sprechen können! Denke, welche Freude es für alle meine Freunde wäre, mich natürlich sprechen zu hören! Ich wundere mich, warum es für ein gehörloses Kind so schwer und verwirrend ist, sprechen zu lernen, wenn es für andere Leute so leicht ist; aber ich bin sicher, daß ich einmal tadellos sprechen werde, wenn ich geduldig bin ...

Unsere guten Lehrer führen uns überall hin, wo es etwas Interessantes zu sehen gibt, und wir lernen auf diese amüsante Weise eine Menge. An George Washingtons Geburtstag gingen wir in eine Hundeausstellung, und wir verbrachten einen fröhlichen Nachmittag, trotz der vielen Leute im Madison Square Garden und trotz der Verwirrung, die die verschiedenen Töne des Hundeorchesters bei denen verursachten, die sie hören konnten. Die Hunde, die am meisten Beachtung fanden, waren die Bulldoggen. Sie nahmen sich verblüffende Freiheiten heraus, wenn jemand sie streichelte, und warfen sich einem fast in die Arme und begannen einen ungeniert zu küssen, ohne sich im geringsten darum zu kümmern, ob einem das paßte. Liebe Zeit, was für unschöne kleine Biester es sind! Aber sie sind so gutmütig und freundlich, daß man sie gern haben muß ...

*An Charles Dudley Warner**

Brewster, Mass., 3. September 1896

... Ich hatte den ganzen Sommer vor, Ihnen zu schreiben; es gibt eine Menge, wovon ich Ihnen erzählen wollte, und ich dachte, daß Sie vielleicht gern etwas von unseren Ferien am Meer und von unseren Plänen für nächstes Jahr hören würden; aber die glücklichen Tage des Nichtstuns glitten so schnell dahin, und es waren immer so viele amüsante Dinge zu tun, daß ich nie Zeit fand, meine Gedanken zu Papier zu bringen und sie Ihnen zu senden. Ich frage mich, was aus verlorenen Gelegenheiten wird. Vielleicht liest sie unser Schutzengel auf, wenn wir sie fallen lassen, und wird sie uns später einmal zurückgeben, wenn wir weiser geworden sind und sie besser zu gebrauchen wissen. Aber wie dem auch sei, ich kann Ihnen heute nicht den geplanten Brief schreiben, denn mein Herz ist zu traurig, um an die glücklichen Tage des Sommers zu denken. Mein Vater ist tot. Er

* amerikanischer Verleger und Essayist (1829–1900)

starb letzten Samstag zu Hause in Tuscumbia, und ich war nicht dort. Mein einzig geliebter Vater! Oh, lieber Freund, wie soll ich es je tragen! . . .

An John Hitz

12 Newbury Street, Boston, 3. Feb. 1899

. . . Ich machte letzten Montag eine außerordentlich interessante Erfahrung. Eine gute Freundin nahm mich am Morgen ins Bostoner Kunstmuseum mit. Sie hatte zuvor die Erlaubnis für mich eingeholt, die Statuen, besonders die, die ich aus der «Ilias» und «Aeneis» kannte, berühren zu dürfen. War das nicht herrlich? Ich sah die Venus von Medici, die Minerva des Parthenon, Diana und den unglücklichen Laokoon und seine zwei kleinen Söhne, die in den gräßlichen Umschlingungen zweier großer Schlangen kämpften und ihre Arme mit herzzerreißenden Schreien zum Himmel hoben. Ich sah auch Apollo Belvedere, der gerade die Python erschlagen hatte. Oh, er war unsäglich schön! Venus entzückte mich. Ich weinte fast über die arme Niobe, die die grausame Göttin anfleht, ihr ihr letztes Kind zu lassen. Sie sehen, ich habe einen Vorgeschmack des Vergnügens bekommen, das ich bei einem Besuch von Florenz haben werde . . .

An Mrs. Hutton

Boston, 28. Mai 1899

. . . Wir hatten einen Tag harter Arbeit. Mr. Keith war heute nachmittag drei Stunden da und goß einen Strom von Latein und Griechisch in meinen armen, verwirrten Kopf. Ich glaube tatsächlich, daß er mehr von lateinischer und griechischer Grammatik weiß, als Cicero oder Homer je träumten! Cicero ist großartig, aber seine Reden sind sehr schwer zu übersetzen. Ich schäme mich manchmal, welch dummes Zeug ich den beredten Mann sagen lasse; aber wie kann ein Schulmädchen einen solchen Genius verstehen? Ja, ich müßte ein Cicero sein, um wie ein Cicero zu reden!

An Mrs. Hutton

559 Madison Avenue, New York, 2. Januar 1900

... Wir sind seit einer Woche hier und bleiben bei Miss Rhoades bis Samstag ... Wir gingen Sonntag in die St.-Bartholomew-Kirche; seit Bischof Brooks starb, habe ich mich in keiner Kirche so zu Hause gefühlt ... Nach dem Gottesdienst spielte Mr. Warren auf der Orgel für mich. Ich stand in der Mitte der Kirche, wo die von der großen Orgel erzeugten Luftschwingungen am stärksten sind, und ich fühlte die mächtigen Tonwellen gegen mich anbrausen, wie die großen Wellen des Meeres gegen ein kleines Schiff schlagen ...

An Charles T. Copeland

20. Dezember 1900

... Ich war nie recht zufrieden mit meiner literarischen Flickarbeit, aber ich konnte die Schwierigkeiten, die ich hatte, nie definieren, bis Sie sie mir zeigten. Als ich im Oktober in Ihre Klasse kam, versuchte ich mit allen Kräften, wie alle anderen zu sein, so viel wie möglich meine Behinderung und besonderen Verhältnisse zu vergessen. Jetzt aber sehe ich, welche Torheit es ist, seinen Wagen an einen Stern zu spannen, mit einem Geschirr, das nicht paßt.

Ich habe immer anderer Leute Eindrücke und Beobachtungen als allgemeingültig angenommen. Es kam mir nie in den Sinn, daß es vielleicht die Mühe wert wäre, meine eigenen Beobachtungen zu machen und meine eigenen Eindrücke zu beschreiben. Von jetzt an, habe ich beschlossen, ich selbst zu sein, mein eigenes Leben zu leben und von meinen eigenen Gedanken zu schreiben, wenn ich welche habe . . .

III. Teil

Ausgewählte Briefe und Berichte von Anne M. Sullivan

Die Leistungen Anne Sullivans und anderer Lehrer von blinden Gehörlosen zur Zeit von Helen Kellers Ausbildung beruhen vor allem auf dem Wirken eines Pioniers der Blinden- und Gehörlosenförderung, Dr. Samuel Gridley Howe. Der große Philanthrop war der Leiter des Perkins-Blindeninstituts in Boston. Seine ersten durchschlagenden Erfolge hatte er mit Laura Bridgman, einem achtjährigen Mädchen, das im Alter von 26 Monaten infolge einer Scharlacherkrankung Augenlicht, Gehör, Geruchs- und Geschmackssinn verloren hatte.
Dr. Howe war Experimentalforscher. Sein Plan ging dahin, sie mit Hilfe von erhaben geprägten Buchstaben zu unterrichten. Er klebte aus solchen Buchstaben bestehende Wörter an Gegenstände und ließ Laura dieselben mit den Gegenständen und die Gegenstände mit den Wörtern vergleichen. Nachdem sie auf diese Weise gelernt hatte, Wörter mit Gegenständen in Verbindung zu bringen, begann er, die Wörter in ihre Bestandteile aufzulösen und Laura zu lehren, sie wieder zusammenzusetzen. Sein Erfolg überzeugte ihn davon, daß sich Sprache dem Geist des blinden Kindes durch Vermittlung des gedruckten Wortes beibringen läßt.
Nachdem Lauras Unterricht zwei Monate lang nur unter Benutzung erhaben geprägter Buchstaben fortgesetzt worden war, wurde ihr zusätzlich das Fingeralphabet beigebracht und in der Folge als Verständigungsmittel im Verkehr mit ihr benutzt. Unter Dr. Howes Leitung lernte Laura schließlich auch sprechen.
Anne Sullivan kannte Dr. Howes wissenschaftliches Werk und hatte sogar sechs Jahre lang mit Laura Bridgman in einem Haus gewohnt. Ihr Erfolg mit Helen Keller ist eng verbunden mit der Pionierarbeit an Laura

Bridgman; doch entdeckte sie darüber hinaus eigene Methoden, blinden Gehörlosen Sprache beizubringen. Aber weder ihre Weltanschauung noch ihre Ausbildung erlaubten ihr, ihre Schülerin zu einem Objekt für Experimente und Beobachtungen zu machen, die die Entwicklung des Kindes nicht direkt förderten. Wenn etwas erreicht, ein gestecktes Ziel überschritten worden war, schaute die Lehrerin nicht immer zurück, um den gegangenen Weg zu beschreiben. Die Feststellung der Tatsache war unwichtig im Vergleich zu der Tatsache selbst und dem Wunsch, schnell weiterzugehen. Überdies machte Helen so rasche Fortschritte, daß ihre Lehrerin Mühe hatte, den Ansprüchen ihrer Schülerin zu genügen.

Mit dem Eintritt Helen Kellers in die Universität erreichte ihre Rolle als Lehrerin schließlich einen kritischen Punkt. Es zeigte sich, daß sie ihrer Schülerin intellektuell kaum mehr zu folgen vermochte; sie wurde mehr und mehr von der Lehrerin zur Partnerin. Ihre lebenslange, fast symbiotische Beziehung zu Helen Keller jedoch ist es, die einzigartig ist und die wohl ebensoviel wie ihre pädagogischen Qualitäten zur Entfaltung von Helens starker Persönlichkeit beitrug.

Die während der ersten Jahre ihrer Erziehungs- und Unterrichtstätigkeit im Hause der Kellers geschriebenen Briefe und Berichte Anne Sullivans geben einen Einblick in ihre pädagogischen Methoden und Ansichten und sind die ersten zuverlässigen Quellen über Helen Keller.

Ihre Briefe richten sich allesamt an Sophia C. Hopkins, die einzige Freundin, der sie regelmäßig schilderte, wie's ihr ums Herz war. Außerdem verfaßte sie Rechenschaftsberichte über Helens Fortschritte für das Perkins-

Blindeninstitut, von denen Auszüge wiedergegeben werden.

Der erste Brief an Sophia C. Hopkins war datiert vom 6. März 1887, drei Tage nach ihrer Ankunft in Tuscumbia.

... Meine erste Frage war: «Wo ist Helen?» Ich versuchte mit allen Kräften meine Aufregung zu unterdrücken, denn ich zitterte so sehr, daß ich mich kaum auf den Füßen halten konnte. Als wir uns dem Haus näherten, sah ich ein Kind an der Tür stehen, und Colonel Keller sagte: «Dort ist sie. Sie hat den ganzen Tag gewußt, daß wir jemand erwarteten, und sie war kaum noch zu halten, seit ihre Mutter zum Bahnhof ging, um Sie abzuholen.» – Kaum hatte ich meinen Fuß auf die Treppenstufen gesetzt, als sie mit solchem Ungestüm auf mich zustürzte, daß ich zu Boden gefallen wäre, hätte Colonel Keller nicht hinter mir gestanden. Sie befühlte mir Gesicht und Kleid und ebenso meine Reisetasche, die sie mir aus der Hand nahm und zu öffnen versuchte. Sie ging nicht gleich auf, und Helen tastete sorgfältig nach dem Schlüsselloch. Als sie es gefunden hatte, wandte sie sich zu mir und bewegte die Hand, als drehe sie einen Schlüssel herum, indem sie auf die Tasche deutete. In diesem Augenblick kam ihre Mutter dazu und machte Helen durch Zeichen klar, daß sie die Tasche nicht berühren dürfe. Sie wurde rot, und als ihre Mutter versuchte, ihr die Tasche aus der Hand zu nehmen, geriet sie in heftigen Zorn. Ich lenkte ihre Aufmerksamkeit ab, indem ich ihr meine Uhr zeigte und sie ihr in die Hand gab. Sofort legte sich der Sturm, und wir gingen zusammen die Treppe hinauf. Hier öffnete sie die Tasche und durchsuchte sie sofort eifrig, wahrscheinlich in der Erwartung, etwas Eßbares zu finden. Bekannte hatten ihr vermutlich Süßigkeiten in ihren Handkoffern mitgebracht, und sie erwartete, auch in dem meinen so etwas zu finden. Ich deutete auf einen Koffer, der im Hausflur stand, dann auf mich und nickte mit dem Kopf, um ihr verständlich zu machen, daß ich einen Koffer hatte, dann machte ich das Zeichen, das sie für «essen» gebraucht hatte, und nickte wieder. Sie verstand mich sofort und rannte die Treppe hinunter zu ihrer Mutter, um ihr durch ausdrucksvolle Zeichen zu verstehen zu geben, daß sich Süßigkeiten für sie in dem Koffer befänden. Sie kehrte nach wenigen Minuten zurück und half mir meine Sachen wegräumen. Es war zu komisch zu sehen, wie sie sich meinen Hut aufsetzte, ihren Kopf kokett erst nach der einen, dann nach der anderen Seite drehte und in den Spiegel blickte, genau als ob sie sehen könnte. Ich hatte eigentlich erwartet, ein blasses, zartes Kind vor mir zu sehen – ich glaube, ich hatte diese Vorstellung durch Dr. Howes Schilderung der kleinen Laura Bridgman bei ihrer Aufnahme in die Anstalt. Aber Helen Keller zeigte keine Spur von Blässe oder Zartheit. Sie ist groß, stark, von blühender Gesichtsfarbe und in ihren Bewegungen so ungezügelt wie ein junges Füllen. Sie hat keine jener nervösen Gewohnheiten, die bei blinden Kindern so häufig zu beobachten sind und einen so traurigen Eindruck hinterlassen. Ihr Körper ist gut proportioniert und kräftig, und Mrs. Keller erzählte mir, sie sei seit der Krankheit, die sie um Gehör und Augenlicht brachte, nicht einen einzigen Tag krank gewesen. Sie hat einen schöngeformten Kopf, der sehr gerade auf ihren Schultern sitzt. Ihr Gesicht ist schwer zu beschreiben. Es ist intelligent, entbehrt aber der Mimik, der Seele, oder wie man es sonst ausdrücken will. Ihr Mund ist groß und fein geschnitten. Man sieht auf den ersten Blick, daß sie blind ist. Ein Auge ist größer als das andere und steht auffallend vor. Sie lächelt selten, in der Tat habe ich sie seit meiner Ankunft erst ein- oder zweimal lächeln sehen. Sie zeigt kein anschmiegendes Wesen und sträubt sich sogar gegen Liebkosungen, ausgenommen ihrer Mutter gegenüber. Sie ist von sehr raschem Temperament und höchst eigenwillig, und niemand außer ihrem Bruder James hat den Versuch gemacht, sie zu zügeln. Die schwerste Aufgabe, die ich vor mir habe, besteht darin, sie an Gehorsam zu gewöhnen und zu leiten, ohne ihren Geist zu brechen. Ich will zuerst langsam vorgehen und ihre Liebe zu gewinnen suchen. Ich werde keinen Versuch machen, sie durch Gewalt zu besiegen, aber gleich von Anfang an auf einem vernünftigen Gehorsam bestehen. Etwas, was jedermann auffällt, ist Helens unermüdlicher Tätigkeitstrieb. Sie ist keinen Augenblick still. Sie ist bald hier, bald dort, kurz, überall. Ihre Hände sind mit allem beschäftigt, aber nichts vermag ihre Aufmerksamkeit längere Zeit zu fesseln. Ein liebes Kind, dessen rastloser Geist im Dunkeln umhertappt. Ihre ungeschickten, unbefriedigten Hände zerstören alles, was sie berühren, weil sie nicht wissen, was sie sonst mit den Dingen anfangen sollen.

Sie half mir meinen Koffer auspacken und war entzückt, als sie die Puppe fand, die die kleinen blinden Mädchen ihr schickten. Ich hielt dies für eine gute Gelegenheit, sie das erste Wort zu lehren. Ich buchstabierte langsam d-o-l-l in ihre Hand, deutete auf die Puppe und nickte mit dem Kopf, was ihr Zeichen dafür zu sein scheint, daß etwas ihr gehöre. Wenn jemand ihr etwas gibt, so deutet sie zuerst auf den Gegenstand, dann auf sich und nickt mit dem Kopf. Sie machte ein ganz verwundertes Gesicht und befühlte meine

Hand, und ich wiederholte ihr die Buchstaben. Sie ahmte sie fehlerlos nach und deutete auf die Puppe. Dann nahm ich die Puppe, in der Absicht, sie ihr zurückzugeben, wenn sie die Buchstaben gemacht hätte; sie glaubte aber, ich wolle sie ihr wegnehmen, geriet augenblicklich in Zorn und versuchte, die Puppe an sich zu reißen. Ich schüttelte den Kopf und versuchte, die Buchstaben mit Hilfe ihrer Finger zu bilden, aber sie wurde immer ungestümer. Ich zwang sie auf einen Stuhl und hielt sie dort fest, bis ich ganz erschöpft war. Dann sah ich ein, daß es nutzlos war, weiter mit ihr zu kämpfen – ich mußte ihre Gedanken ablenken. Ich ließ sie los, gab ihr aber die Puppe nicht. Ich ging hinunter und holte ein Stück Kuchen (sie liebt Süßigkeiten). Ich zeigte es ihr und buchstabierte ihr c-a-k-e in die Hand, wobei ich ihr den Kuchen entgegenhielt. Natürlich bekam sie Lust darauf und wollte ihn nehmen; ich buchstabierte aber das Wort zum zweitenmal und tätschelte ihr die Hand. Sie machte rasch die Buchstaben, und ich gab ihr den Kuchen, den sie sofort aufaß, weil sie wohl glaubte, ich würde ihn ihr wieder wegnehmen. Dann zeigte ich ihr die Puppe und buchstabierte abermals das Wort, indem ich ihr die Puppe entgegenhielt wie vorhin den Kuchen. Sie machte die Buchstaben d-o-l, ich fügte das fehlende l hinzu und gab ihr die Puppe. Sie rannte sofort mit ihr die Treppe hinunter und konnte den ganzen Tag nicht dazu gebracht werden, in mein Zimmer zurückzukehren.

Gestern trug ich ihr auf, an einer Nähkarte zu nähen. Ich machte die erste Reihe senkrechter Stiche, ließ Helen die Karte befühlen und darauf achten, daß auf ihr mehrere Reihen kleiner Löcher angebracht waren. Sie begann eifrig zu arbeiten, vollendete die Karte in wenigen Minuten und machte dies wirklich ganz sauber. Ich wollte nun versuchen, ihr ein anderes Wort beizubringen, und buchstabierte ihr c-a-r-d in die Hand. Sie machte c-a nach, dann hielt sie nachdenklich inne, machte das Zeichen für «essen», deutete nach unten und schob mich auf die Tür zu, womit sie meinte, ich solle nach unten gehen und ihr ein Stück Kuchen holen. Die beiden Buchstaben c-a hatten ihr ihre «Lektion» vom Freitag ins Gedächtnis gerufen – nicht, daß sie irgendeine Ahnung davon hatte, daß «cake» die Bezeichnung für den betreffenden Gegenstand ist, sondern es war, wie ich glaube, eine einfache Assoziation. Ich beendete das Wort c-a-k-e und erfüllte Helens Wunsch, worüber sie sehr erfreut war. Dann buchstabierte ich d-o-l-l und begann nach der Puppe zu suchen. Sie verfolgt mit ihren Händen jede Bewegung, die man macht, und wußte sofort, daß ich mich nach der Puppe umsah. Sie wies nach unten, was bedeuten sollte, die Puppe befinde sich im Erdgeschoß. Ich machte das Zeichen, das sie gebraucht hatte, als sie wünschte, ich solle Kuchen holen, und drängte sie auf die Tür zu. Sie schritt vorwärts, dann zögerte sie einen Augenblick und kämpfte offenbar mit sich, ob sie gehen sollte oder nicht. Sie entschied sich dafür, mich hinunterzuschicken. Ich schüttelte den Kopf, buchstabierte ihr das Wort d-o-l-l mit größerem Nachdruck in die Hand und öffnete die Tür, aber sie weigerte sich hartnäckig zu gehorchen. Sie hatte ihren Kuchen noch nicht aufgegessen, und ich nahm ihn ihr weg, indem ich ihr bedeutete, daß, wenn sie die Puppe brächte, ich ihr den Kuchen zurückgeben würde. Sie stand längere Zeit ganz still, mit hochrotem Gesicht, dann siegte ihr Verlangen nach dem Kuchen. Sie lief die Treppe hinunter und brachte mir die Puppe; natürlich gab ich ihr den Kuchen, konnte sie aber nicht bewegen, wieder in mein Zimmer zu kommen.

Helen war sehr unruhig, als ich heute morgen zu schreiben begann. Sie stellte sich hinter mich, legte ihre Hand auf das Papier und steckte die Finger ins Tintenfaß. Diese Kleckse hier sind ihr Werk. Schließlich erinnerte ich mich an die Kindergartenperlen und wies Helen an, sie aufzureihen. Zuerst nahm ich zwei Holzperlen und eine Glasperle und ließ sie dann die Schnur und die Öffnung der Perlen befühlen. Sie nickte und begann sofort, die Schnur mit hölzernen Perlen zu beziehen. Ich schüttelte den Kopf, nahm sie alle ab und ließ sie die beiden Holzperlen und die eine Glasperle befühlen. Sie prüfte sie nachdenklich und begann von neuem. Diesmal reihte sie zuerst die Glasperle und dann die beiden Holzperlen auf. Ich nahm sie wieder ab und zeigte ihr, daß zuerst die beiden Holzperlen kommen müßten und dann erst die Glasperle. Sie hatte keine weitere Mühe damit und reihte die Perlen rasch aufeinander, leider allzu rasch. Als sie fertig war, knüpfte sie die beiden Enden der Schnur zusammen und legte die Kette um den Hals. In der nächsten Schnur hatte ich den Knoten nicht groß genug gemacht, und die Perlen fielen fast so schnell wieder herunter, wie Helen sie aufgereiht hatte; sie löste die Schwierigkeit aber selbst, indem sie die Schnur durch eine Perle zog und diese festknüpfte. Ich fand dies sehr geschickt. Sie unterhielt sich mit den Perlen bis zum Mittagessen und legte mir ab und zu die Ketten zur Begutachtung vor.

Montag nachmittag

Heute früh hatte ich einen heißen Kampf mit Helen zu bestehen. Obgleich ich mich mit allen Kräften bemühe, ohne Gewaltmittel auszukommen, so fürchte ich doch, dies wird sich auf die Dauer nicht umgehen lassen.

Helens Benehmen bei Tisch ist entsetzlich. Sie greift mit den Händen auf unsere Teller und nimmt davon weg, und wenn die Schüsseln herumgegeben werden, so greift sie hinein und nimmt sich, was ihr beliebt. Heute früh wollte ich ihr nicht erlauben, in meinen Teller zu fassen. Sie beharrte bei ihrem Vorsatz, und es folgte ein sehr heftiger Auftritt. Natürlich verließ die übrige Familie verlegen das Zimmer. Ich verschloß die Tür zum Speisezimmer und setzte mich wieder hin, um mein Frühstück zu essen, obgleich die Speisen mich fast anwiderten. Helen lag schreiend und mit Händen und Füßen um sich schlagend auf dem Boden und versuchte, meinen Stuhl unter mir fortzuziehen. So verging eine halbe Stunde; dann stand sie auf, um zu erfahren, was ich tat. Ich zeigte ihr, daß ich aß, ließ sie aber nicht mit der Hand in meinen Teller fassen. Sie kniff mich, und ich schlug sie jedesmal, wenn sie es tat, auf die Hand. Dann ging sie um den Tisch herum und war ganz erstaunt, als sie außer mir niemand fand. Nach ein paar Minuten kam sie an ihren Platz zurück und begann ihr Frühstück mit den Fingern zu essen. Ich gab ihr einen Löffel, den sie auf den Boden warf. Ich zerrte sie von ihrem Stuhl herunter und zwang sie, ihn aufzuheben. Endlich gelang es mir, sie auf ihren Stuhl zurückzubringen, ich drückte ihr den Löffel in die Hand und nötigte sie, damit zu essen. Nach einigen Minuten fügte sie sich und beendete ruhig ihr Frühstück. Darauf hatten wir eine neue Balgerei wegen des Zusammenfaltens der Serviette. Als sie mit ihrem Frühstück fertig war, warf sie das Tuch zur Erde und lief zur Tür. Als sie sie verschlossen fand, begann sie wieder mit dem Fuß um sich zu treten und zu schreien. Es dauerte eine volle Stunde, ehe ich sie dazu bringen konnte, ihre Serviette zusammenzulegen. Dann ließ ich sie in den warmen Sonnenschein hinaus und begab mich in mein Zimmer, wo ich mich ganz erschöpft aufs Bett fallen ließ. Ich weinte mich ordentlich aus und fühlte mich besser darauf. Ich glaube, ich werde noch mehr solche Kämpfe mit der jungen Dame zu bestehen haben, ehe sie die beiden wesentlichsten Dinge lernt – die einzigen, die ich ihr beibringen kann – Gehorsam und Liebe.

Tuscumbia, Ala., 11. März 1887

Seit ich das letztemal schrieb, sind wir, Helen und ich, in ein kleines Gartenhaus, das nicht weit von Ivy Green, dem Familienhaus, entfernt liegt, umgezogen und leben hier ganz für uns allein. Ich sah sehr bald ein, daß mit Helen im Schoß ihrer Familie, die ihr stets in allem den Willen gelassen hatte, absolut nichts anzufangen ist. Sie tyrannisierte jedermann, ihre Mutter, ihren Vater, die Dienerschaft, die schwarzen Kinder, die mit ihr spielten, und niemand ist ihr bis zu meiner Ankunft ernstlich entgegengetreten, mit Ausnahme ihres Bruders James. Wie alle Tyrannen hält sie an diesem ihrem angestammten Recht von Gottes Gnaden, alles zu tun, was ihr beliebt, mit Zähigkeit fest. Als ich sie zu unterrichten begann, hatte ich mit vielen Schwierigkeiten zu kämpfen. Sie wollte um keines Haares Breite nachgeben, ohne es auf einen verzweifelten Kampf ankommen zu lassen. Im guten konnte ich gar nichts von ihr erreichen. Selbst zu den einfachsten Dingen, wie zum Kämmen ihres Haares, zum Händewaschen, zum Zuknöpfen ihrer Schuhe, mußte sie gezwungen werden, und meistens war eine peinliche Szene die Folge. Die Angehörigen neigten natürlich dazu, sich einzumischen, besonders ihr Vater, der es nicht ertragen kann, sie weinen zu sehen. Des lieben

Friedens willen gaben sie lieber nach. Ich sah ein, daß jeder Versuch, sie im Gebrauch der Sprache oder sonst etwas zu unterrichten, zwecklos war, solange sie nicht lernte, zu gehorchen. Ich habe viel darüber nachgedacht, und je mehr ich mir die Sache überlegte, desto fester bin ich davon überzeugt, daß Gehorsam das Tor ist, durch welches das Wissen, ja sogar die Liebe ihren Einzug in die Seele eines Kindes halten. Wie ich Ihnen schon schrieb, glaubte ich anfangs nur Schritt für Schritt vorgehen zu dürfen. Ich hatte mir vorgenommen, mir die Liebe und das Vertrauen meiner kleinen Schülerin durch dieselben Mittel zu gewinnen, die ich gebraucht hätte, wenn sie hätte sehen und hören können. Aber bald fand ich, daß mir kein Weg zu ihrem Herzen offenstand. Sie nahm alles, was ich für sie tat, als selbstverständlich hin, wehrte meine Liebkosungen ab, und es war mir schlechterdings unmöglich, ihre Zuneigung zu gewinnen.

Ich hatte eine freie, offene Aussprache mit Mrs. Keller und setzte ihr auseinander, wie schwer es mir unter den gegebenen Umständen sei, etwas mit Helen anzufangen. Ich erklärte ihr, daß meiner Meinung nach das Kind mindestens für einige Wochen von der Familie getrennt werden und daß Helen mir gehorchen lernen müsse, ehe ich irgend etwas anderes unternehmen könne. Nach einer langen Pause antwortete Mrs. Keller, sie wolle sich die Sache überlegen und hören, was ihr Gatte zu dem Plan meinte. Colonel Keller willigte gegen mein Erwarten sehr schnell ein, und ich beeilte mich, die Vorkehrungen zum Umzug so bald wie möglich zu treffen.

In der neuen Wohnung zeigte sich Helen zuerst sehr widerspenstig und ließ sich am ersten Abend erst nach einem erbitterten zweistündigen Kampf zu Bett bringen. Am nächsten Morgen war sie ruhiger, litt aber offensichtlich an Heimweh. Sie spielte mehr als sonst mit ihren Puppen und behandelte sie mit großer Zärtlichkeit, wollte aber nichts von mir wissen.

Helen kennt jetzt verschiedene Wörter, hat aber weder eine Ahnung von ihrem Gebrauch, noch weiß sie, daß jedes Ding einen Namen hat. Ich glaube jedoch, daß sie leicht und schnell lernen wird. Wie erwähnt, ist sie außerordentlich lebhaft und geschäftig und in ihren Bewegungen ebenso rasch wie unstet.

20. März 1887

Mein Herz jauchzt vor Freude, ein Wunder hat sich ereignet. Das Licht des Verständnisses ist im Geist meiner Schülerin aufgegangen, und siehe da, alles hat sich verändert.

Das kleine, wilde Geschöpf von vor vierzehn Tagen hat sich in ein artiges Kind umgewandelt. Helen sitzt, während ich schreibe, mit heiterem und fröhlichem Gesicht neben mir und häkelt eine lange Spitze aus roter Wolle. Sie hat diese Woche dieses Muster gelernt und ist sehr stolz auf ihre Fertigkeit. Als sie die Spitze so lang gemacht hatte, daß sie über das Zimmer hinwegreichte, klopfte sie sich selbst auf den Arm und legte das erste Werk ihrer Hände zärtlich an die Wange. Sie läßt sich jetzt von mir küssen und setzt sich, wenn sie besonders guter Laune ist, kurze Zeit auf meinen Schoß, erwidert aber meine Liebkosungen noch nicht. Der große Schritt – der Schritt, auf den es ankommt – ist getan. Die kleine Wilde hat ihre erste Lektion gelernt und findet Freude daran. Es bleibt mir nun die dankbare Aufgabe, die Intelligenz, die sich in der Kinderseele zu regen beginnt, zu leiten und zu bilden.

Auch andere bemerken schon die Veränderung, die mit Helen vorgegangen ist. Ihr Vater besucht uns jeden Morgen und jeden Abend und ruft, wenn er sie ihre Perlen eifrig aneinanderreihen oder auf ihrer Nähkarte horizontale Stichreihen machen sieht, voller Verwunderung aus: «Wie ruhig sie ist!»

Als ich kam, waren ihre Bewegungen so unstet, daß man den Eindruck hatte, sie habe etwas Anomales, ja beinahe Krankhaftes an sich. Auch habe ich bemerkt, daß sie viel weniger ißt, ein Umstand, der ihren Vater so sehr beunruhigt, daß er sie wieder nach Hause nehmen will. Er behauptet, sie leide an Heimweh. Ich bin nicht seiner Meinung, doch fürchte ich, daß wir unsere kleine Klause sehr bald verlassen müssen.

Colonel Keller brachte eines Tages Belle mit, einen Hühnerhund, auf den er sehr stolz ist. Er war neugierig, ob Helen ihren alten Spielgefährten wiedererkennen würde. Helen badete gerade ihre Puppe Nancy und bemerkte den Hund zuerst nicht. Für gewöhnlich fühlt sie den leisesten Schritt und streckt die Arme aus, um sich zu vergewissern, ob sich jemand in ihrer Nähe befindet. Belle schien es nicht sehr eilig zu haben, Helens Aufmerksamkeit auf sich zu ziehen. Ich glaube, die Hündin ist von ihrer kleinen Herrin recht rauh behandelt worden. Der Hund war aber kaum eine Minute im Zimmer, als Helen herumzuschnuppern begann, die Puppe in das Becken warf und im Zimmer umhertastete. Sie stolperte über Belle, die am Fenster lag. Sie erkannte den Hund sofort, denn sie schlang die Arme um seinen Hals und drückte ihn an sich. Dann setzte sie sich neben das Tier und begann, sich mit seinen Pfoten zu beschäftigen. Wir konnten uns im ersten Augenblick ihr Verhalten nicht erklären; erst als ich bemerkte, daß sie die

Buchstaben d-o-l-l mit ihren Fingern bildete, wußten wir, daß sie Belle das Fingeralphabet beizubringen versuchte.

28. März 1887

Helen und ich sind gestern nach Hause gekommen. Ich bedaure, daß wir nicht noch eine Woche im Pavillon bleiben konnten, aber ich glaube, ich habe die Gelegenheit, die mir in den letzten vierzehn Tagen geboten war, nach besten Kräften ausgenutzt und hoffe, mit Helen in Zukunft keine ernstliche Mühe mehr zu haben. Die größten Hindernisse sind beseitigt. Ich glaube, «nein» und «ja», begleitet von einem Schütteln oder Nicken des Kopfes, sind für Helen so greifbare Tatsachen geworden wie Wärme und Kälte oder der Unterschied zwischen Schmerz und Wohlbefinden. Und ich werde auch dafür sorgen, daß die Lektion, die sie unter so viel Kummer und Schmerz gelernt hat, nicht wieder vergessen wird. Ich werde mich zwischen meine Schülerin und die übergroße Nachsicht der Eltern stellen. Ich habe Mr. und Mrs. Keller erklärt, sie dürften in keiner Weise meine Anordnungen durchkreuzen. Ich habe mein Bestes getan, um ihnen klarzumachen, wie furchtbar sie sich an Helen versündigen, wenn sie ihr in allen Dingen ihren Willen ließen, und habe darauf hingewiesen, daß die Versuche, dem Kind beizubringen, daß nicht alles nach seinem Willen geht, ebenso schmerzlich für das Kind wie für seine Lehrerin seien. Sie versprachen, mir freie Hand zu lassen und mich nach Kräften zu unterstützen. Die unverkennbaren Fortschritte, die das Kind gemacht hatte, haben ihnen größeres Vertrauen zu mir eingeflößt. Natürlich ist es hart für sie. Ich begreife, daß es ihnen weh tut zu sehen, wie ihr unglückliches, kleines Kind bestraft und gezwungen wird, gewisse Dinge gegen seinen Willen zu tun. Nur wenige Stunden nach dieser Unterredung mit ihnen (sie hatten mir in allem beigepflichtet) setzte sich Helen bei Tisch in den Kopf, die Serviette nicht zu benutzen. Offenbar wollte sie probieren, was nun geschehen würde. Ich versuchte mehrmals, ihr die Serviette um den Hals zu binden, jedesmal riß sie sie ab, warf sie zu Boden und begann zuletzt den Tisch mit ihren Füßen zu bearbeiten. Ich nahm ihr den Teller weg und stand auf, um sie aus dem Zimmer zu führen; da aber mischte sich der Vater ein und erklärte, er werde es unter keinen Umständen zulassen, daß eines seiner Kinder nichts zu essen bekäme.

Nach dem Abendessen kam Helen nicht mehr in mein Zimmer, und ich sah sie vor dem Frühstück am nächsten Morgen nicht wieder. Sie saß auf ihrem Platz, als ich herunterkam. Sie hatte sich ihre Serviette unters Kinn gesteckt, anstatt, wie es ihre Gewohnheit war, sich das Tuch im Nakken festzubinden, und lenkte meine Aufmerksamkeit auf diese Neuerung; als ich keine Einsprache dagegen erhob, schien sie erfreut zu sein und streichelte sich selbst. Als sie das Eßzimmer verließ, ergriff sie meine Hand und streichelte sie ebenfalls. Ich war neugierig, was sie zu tun beabsichtigte, und beschloß, der Gewöhnung an gute Sitten etwas nachzuhelfen. Ich ging ins Eßzimmer zurück und holte mir eine Serviette. Als Helen zum Unterricht kam, legte ich alle Gegenstände in gewohnter Weise auf den Tisch, nur der Kuchen fehlte, von dem ich ihr ein Stückchen zur Belohnung zu geben pflegte, wenn sie ein Wort rasch buchstabiert hatte. Helen bemerkte es sofort und machte das entsprechende Zeichen für Kuchen. Ich zeigte ihr die Serviette, band sie ihr um den Hals, riß sie dann ab, warf sie zu Boden und schüttelte dabei den Kopf. Dies tat ich mehrmals hintereinander. Helen verstand mich sofort, denn sie schlug sich mehrmals derb auf die Hand und schüttelte gleichfalls den Kopf. Dann begann der Unterricht. Ich gab ihr einen Gegenstand in die Hand, und Helen buchstabierte das betreffende Wort. Mit einemmal hielt sie inne, als ob ihr ein Gedanke durch den Kopf schösse, und griff nach der Serviette, die sie sich rasch um den Hals knüpfte, wobei sie ihr Zeichen für Kuchen machte. Ich nahm dies für ein Versprechen, daß, wenn ich ihr etwas Kuchen gäbe, sie ein artiges Mädchen sein wolle, und gab ihr ein größeres Stück als gewöhnlich; Helen freute sich sehr darüber und klopfte und streichelte sich selbst voller Befriedigung.

3. April 1887

Wir verbringen fast unsere ganze Zeit im Garten, wo alles sproßt und blüht und grünt. Nach dem Frühstück gehen wir hinaus und sehen den Leuten bei der Arbeit zu. Helen liebt es, zu graben und im Schmutz herumzuspielen, wie jedes andere Kind. Heute früh pflanzte sie ihre Puppe in die Erde und deutete mir an, sie erwarte, die Puppe werde so groß werden wie ich.

Um zehn Uhr gehen wir hinein und reihen eine Weile Perlen auf. Helen kann sie schon auf sehr verschiedene Weise zusammenstellen und denkt sich oft selber neue Arten aus. Dann überlasse ich es ihrer Wahl, ob sie nähen, stricken oder häkeln will. Stricken lernte sie sehr schnell und fertigt jetzt einen Topflappen für ihre Mutter an. In der letzten Woche machte sie eine Schürze für ihre Puppe und brachte das so gut zustande wie jedes Kind ihres Alters. Um elf Uhr haben wir Turnen. Sie kennt alle Übungen mit oder ohne Hanteln. Die Stunde von zwölf bis eins wird zur Erlernung neuer Wörter benutzt. Sie dürfen aber nicht glauben, daß dies die einzige Zeit ist, in der ich mit Helen buchstabiere; ich buchstabiere ihr im Gegenteil alles, was wir den ganzen Tag über tun, in die Hand, obgleich sie bis jetzt noch keine Ahnung hat, was das Buchstabieren eigentlich bedeutet. Nach dem Mittagessen ruhe ich eine Stunde aus, und Helen spielt mit ihrer Puppe oder tummelt sich im Hof mit den schwarzen Kindern herum, die vor meiner Ankunft ihre beständigen Spielgefährten waren. Später geselle ich mich zu ihnen, und wir machen dann die Runde durch die Wirtschaftsgebäude. Wir besuchen die Pferde und Maultiere in ihren Ställen, suchen nach Eiern und füttern die Truthühner. Oft gehen wir, wenn das Wetter schön ist, von vier bis sechs spazieren oder besuchen Helens Tante in Ivy Green oder ihre Verwandten in der Stadt. Helen hat einen stark entwickelten Geselligkeitstrieb; sie liebt es, Menschen um sich zu haben und ihre Bekannten zu besuchen, zum Teil allerdings, wie ich glaube, weil diese stets ein paar Leckerbissen für sie übrig haben. Nach dem Abendessen gehen wir in mein Zimmer und vertreiben uns die Zeit bis um acht Uhr, dann ziehe ich das kleine Fräulein aus und bringe es zu Bett. Helen schläft jetzt bei mir. Ich ziehe es vor, daß Helen ganz allein auf mich angewiesen ist, und ich finde es leichter, sie bei allen sich bietenden Gelegenheiten zu unterrichten als zu festgesetzten Stunden.

Am 31. März fand ich, daß Helen siebzehn Substantive und drei Verben kannte. Hier ist die Liste dieser Wörter. Die mit einem Stern bezeichneten Wörter sind die, nach denen sie selbst gefragt hatte: doll, mug, pin, key, dog, hat, box, water, milk, candy, eye*, finger*, toe*, head*, cake, baby, mother, sit, stand, walk. Am 1. April lernte sie die Substantive knife, fork, spoon, saucer, tea, papa, bed und das Verb run.

5. April 1887

Ich muß Ihnen heute morgen eine Zeile schreiben, denn es hat sich etwas sehr Wichtiges zugetragen. Helen hat den zweiten großen Schritt in ihrer Entwicklung getan. Sie hat gelernt, daß jedes Ding einen Namen hat und daß das Fingeralphabet der Schlüssel zu allem ist, was sie zu wissen verlangt.

Die Wörter «mug» (Becher) und «milk» (Milch) machten Helen mehr Mühe als die übrigen. Sie verwechselte die Substantive mit dem Verb «drink» (trinken). Sie kannte das Wort für «trinken» nicht, sondern half sich damit, daß sie die Pantomime des Trinkens machte, so oft sie «mug» oder «milk» buchstabierte. Als sie sich heute früh wusch, wollte sie das Wort für «Wasser» wissen. Wenn sie die Bezeichnung für etwas wissen will, deutet sie darauf und streichelt meine Hand. Ich buchstabierte ihr w-a-t-e-r in die Hand und dachte bis nach Beendigung des Frühstücks nicht mehr daran. Dann fiel mir ein, daß ich ihr vielleicht mit Hilfe dieses neuen Wortes den Unterschied zwischen «mug» und «milk» ein für allemal klarmachen könnte. Wir gingen zur Pumpe, wo ich Helen ihren Becher unter die Öffnung halten ließ, während ich pumpte. Als das kalte Wasser hervorschoß und den Becher füllte, buchstabierte ich ihr w-a-t-e-r in die freie Hand. Das Wort, das so unmittelbar auf die Empfindung des kalten, über ihre Hand strömenden Wasser folgte, schien sie stutzig zu machen. Sie ließ den Becher fallen und stand wie angewurzelt da. Ein ganz neuer Ausdruck verklärte ihre Züge. Sie buchstabierte das Wort «water» verschiedene Male. Dann kauerte sie nieder, berührte die Erde und fragte nach deren Namen, ebenso deutete sie auf die Pumpe und das Gitter. Dann wandte sie sich plötzlich um und fragte nach meinem Namen. Ich buchstabierte ihr «teacher» (Lehrerin) in die Hand. In diesem Augenblick brachte die Kinderfrau Helens kleine Schwester an die Pumpe; Helen buchstabierte «baby» und deutete auf die Kinderfrau. Auf dem ganzen Rückweg war sie im höchsten Grad aufgeregt und erkundigte sich nach dem Namen jedes Gegenstandes, den sie berührte, so daß sie im Laufe weniger Stunden ihrem Wortschatz dreißig neue Wörter einverleibt hatte.

PS: Ich konnte meinen Brief gestern abend nicht mehr zur Post geben und will daher noch eine Zeile hinzufügen. Helen stand heute früh wie eine strahlende Fee auf. Sie flog von einem Gegenstand zum anderen, fragte nach der Bezeichnung jedes Dinges und küßte mich vor lauter Freude. Als ich gestern abend zu Bett ging, warf sich Helen aus eigenem Antrieb in meine Arme und küßte mich zum erstenmal. Ich glaubte, mein Herz müsse zerspringen, so voll war es vor Freude.

10. April 1887

Helen macht von Tag zu Tag, ja von Stunde zu Stunde Fortschritte. Alles muß jetzt einen Namen haben. Bei allen unseren Ausflügen fragt sie voll Eifer nach den Bezeichnungen für die Dinge, die sie nicht zu Hause gelernt hat. Sie wird nicht müde mit Buchstabieren und will jeden, dem sie begegnet, das Alphabet lehren. Sobald sie das betreffende Wort kennt, wendet sie ihre früheren Zeichen und Pantomimen nicht mehr an, und das Erlernen eines neuen Wortes bereitet ihr das lebhafteste Vergnügen. Auch bemerken wir, daß ihre Züge von Tag zu Tag ausdrucksvoller werden. Ich habe mich dazu entschlossen, Helen für den Augenblick noch nicht regelmäßig Unterricht zu erteilen. Ich behandle sie wie ein Kind von zwei Jahren. Es kommt mir widersinnig vor, zu verlangen, daß ein Kind zu einer bestimmten Zeit in ein bestimmtes Zimmer geht und bestimmte Lektionen hersagt, wenn es noch nicht über einen gewissen Wortschatz verfügt. Ich frage mich: Wie lernt ein normales Kind sprechen? Die Antwort lautet einfach: durch Nachahmung. Das Kind kommt mit der Fähigkeit zu lernen auf die Welt und lernt von selbst, vorausgesetzt, daß es ihm an den erforderlichen äußeren Anreizen nicht fehlt. Es sieht, wie andere bestimmte Dinge tun, und versucht, sie ebenfalls zu tun. Es hört andere sprechen und versucht, selbst zu sprechen. Lange bevor es sein erstes Wort spricht, versteht es, was man zu ihm sagt ... Diese Überlegungen weisen mir den Weg, Helen das Sprechen beizubringen. Ich muß ihr in die Hand sprechen, wie wir dem kleinen Kind ins Ohr sprechen. Ich nehme an, daß sie dieselbe Assimilations- und Nachahmungsgabe besitzt wie ein normales Kind. Ich werde in vollständigen Sätzen zu ihr sprechen und ihr, wenn nötig, die Bedeutung durch Gesten und ihre beschreibenden Zeichen klarmachen, aber nicht versuchen, ihre Aufmerksamkeit auf *nur* einen einzigen Gegenstand zu lenken. Ich will alles tun, was in meinen Kräften steht, um Helen anzuregen und anzuspornen, und geduldig das Ergebnis abwarten.

24. April 1887

Die neue Methode bewährt sich vorzüglich; Helen kennt jetzt die Bedeutung von mehr als hundert Wörtern und lernt täglich neue dazu, ohne im geringsten auf die Vermutung zu kommen, sie verrichte eine besondere Heldentat. Sie lernt, weil sie nicht anders kann, genau wie der Vogel fliegen lernt. Doch dürfen Sie nicht glauben, daß sie «fließend spricht». Wie ihre kleine Cousine drückt sie ganze

Sätze durch einzelne Wörter aus. «Milch» mit einer Handbewegung bedeutet: «Gib mir mehr Milch»; «Mutter», begleitet von einem fragenden Blick: «Wo ist Mutter?», «Gehen» bedeutet: «Ich möchte ausgehen.» Buchstabiere ich ihr aber in die Hand: «Gib mir etwas Brot», so reicht sie mir das Brot, und wenn ich ihr sage: «Hol deinen Hut, wir wollen spazierengehen», so gehorcht sie augenblicklich. Die beiden Worte «Hut» und «spazierengehen» würden dieselbe Wirkung ausüben; wird aber der ganze Satz mehrmals am Tag wiederholt, so muß er sich mit der Zeit dem Gehirn einprägen, und Helen wird ihn allmählich anwenden.

Wir beschäftigen uns mit einem kleinen Spiel, das nach meiner Meinung für die Entwicklung höchst nützlich ist und zugleich den Zweck einer Sprachlektion erfüllt. Es ist eine Art Versteckspiel. Ich verstecke irgend etwas, einen Ball, eine Spule oder dergleichen, und wir suchen danach. Als wir vor zwei oder drei Tagen mit dem Spiel begannen, benahm sich Helen ziemlich ungeschickt. Sie suchte an Stellen, wo es unmöglich gewesen wäre, den Ball oder die Spule zu verstecken. Wenn ich z. B. den Ball versteckte, so suchte sie in einer Schachtel, die nicht länger als drei Zentimeter war. Versteckte ich die Spule, so suchte sie unter ihrer Schreibtafel. Sie gab das Spiel auch bald auf. Jetzt kann ich ihr Interesse daran eine Stunde und länger wachhalten, und sie zeigt mehr Intelligenz und oft große Geschicklichkeit beim Finden der Gegenstände. Heute früh versteckte ich einen Zwieback. Helen suchte überall, ohne ihn finden zu können. Plötzlich kam ihr eine Idee, sie lief auf mich zu und öffnete meinen Mund, um ihn gründlich zu untersuchen. Als sie hier nichts fand, deutete sie auf meinen Magen und fragte: «Eat?» (essen), was bedeuten sollte: Haben Sie ihn vielleicht gegessen?

Freitag begegnete uns ein Herr auf der Straße, der Helen einige Bonbons gab, die sie aufaß bis auf ein kleines Stückchen, das sie in ihr Schürzentäschchen steckte. Zu Hause traf sie ihre Mutter und sagte aus eigenem Antrieb: «Give baby candy.» (Gib Baby Bonbon.) Mrs. Keller buchstabierte ihr in die Hand: «No, baby eat – no.» (Nein, Baby essen – nein.) Helen näherte sich der Wiege, faßte Mildred in den Mund und deutete auf ihre eigenen Zähne. Mrs. Keller buchstabierte: «Teeth.» (Zähne). Helen schüttelte den Kopf und buchstabierte: «Baby teeth – no, baby eat – no» (Baby Zähne – nein, Baby essen – nein), womit sie sagen wollte: «Schwesterchen kann nicht essen, weil es keine Zähne hat.»

8. Mai 1887

Nein, ich brauche kein Kindergartenmaterial mehr. Ich habe anfangs meinen kleinen Vorrat an Perlen, Karten und Strohhalmen benutzt, weil ich nicht wußte, was ich sonst tun sollte; aber diese Zeit für sie ist jetzt vorüber.

Ich beginne allen ausgeklügelten pädagogischen Systemen zu mißtrauen. Sie scheinen mir auf der Voraussetzung aufgebaut zu sein, daß jedes Kind eine Art Idiot ist und im Denken unterwiesen werden muß, während es, wenn es sich selbst überlassen bleibt, mehr und besser denken wird, wenn es auch nicht augenfällig ist. Laßt es nach Belieben gehen und kommen, laßt es Gegenstände berühren und seine Sachen selbständig ordnen, anstatt daß es im Zimmer an einem kleinen Tisch sitzt, während eine Lehrerin mit sanfter Stimme ihm sagt, es solle eine Mauer aus seinen Holzklötzchen bauen, einen Regenbogen aus farbigen Papierstreifen herstellen oder Bäume aus Strohhalmen in Blumentöpfe aus Perlen pflanzen. Solcher Unterricht füllt den Geist mit künstlichen Assoziationen, die erst ausgemerzt werden müssen, ehe das Kind seine Gedanken aus eigener Anschauung entwickeln kann.

Helen lernt Adjektive und Adverbien so leicht, wie sie Substantive gelernt hat. Die Vorstellung geht stets dem Wort voraus. Sie hatte Zeichen für «klein» und «groß», lange bevor ich kam. Wollte sie einen kleinen Gegenstand haben und wurde ihr ein großer gegeben, so schüttelte sie den Kopf und hob ein Stückchen von der Haut ihrer Hand zwischen Daumen und Zeigefinger hoch. Wollte sie etwas Großes bezeichnen, spreizte sie die Finger beider Hände so weit wie möglich und näherte die Hände einander, als wolle sie einen großen Ball auffangen. Eines Tages ersetzte ich diese Zeichen durch die Wörter «small» und «large»; sofort wendete sie die Wörter an und verschmähte von nun ab die Zeichen. Ich kann ihr jetzt sagen: «Bring mir ein großes Buch, einen kleinen Teller, geh langsam die Treppe hinauf, lauf rasch, geh langsam.» Heute morgen gebrauchte sie die Konjunktion «and» zum ersten Mal. Ich befahl ihr, die Tür zuzumachen, und sie fügte hinzu: «And lock» (und abschließen).

Vor ein paar Minuten kam sie in großer Aufregung die Treppe heraufgestürmt. Ich konnte mir zuerst gar nicht erklären, was geschehen war. Sie buchstabierte immerfort «dog – baby» (Hund – Baby), deutete danach der Reihe nach auf ihre fünf Finger und saugte an ihnen. Mein erster Gedanke war, einer der Hunde habe Mildred verletzt, aber Helens strahlendes Gesicht beschwichtigte meine Furcht. Es half nichts, ich mußte mit ihr hinunter. Sie führte mich in einen Schuppen, und hier in der Ecke lag einer von den Hühnerhunden mit fünf niedlichen Jungen! Ich lehrte Helen das Wort «puppy» (Welpe), ließ sie die Hündchen alle befühlen, während sie saugten, und buchstabierte «puppies». Sie interessierte sich sehr für das Säugen und buchstabierte mehrmals die Worte «mother-dog» (Hundemutter) und «baby». Helen bemerkte, daß die Augen der Hündchen geschlossen waren, und buchstabierte: «Eyes – shut. Sleep – no» (Augen zu. Schlafen – nein), womit sie sagen wollte: Die Augen sind zwar geschlossen, aber die Hündchen schlafen nicht. Sie deutete der Reihe nach auf jedes Hündchen und dann auf ihre fünf Finger, und ich lehrte sie das Wort «five» (fünf). Dann hielt sie einen Finger in die Höhe und sagte: «Baby». Ich begriff, daß sie von Mildred sprach, und buchstabierte: «One Baby and five puppies» (ein Baby und fünf Welpen). Dann bemerkte sie, daß eines der Hündchen kleiner war als die anderen, und buchstabierte «small» (klein), indem sie das entsprechende Zeichen machte; ich buchstabierte «very small» (sehr klein). Sie verstand augenblicklich, daß «very» die Bezeichnung für den neuen Begriff war, der in ihren Kopf gelangte, denn auf dem Rückweg nach Hause gebrauchte sie das Wort ganz richtig. Ein Stein war «small», ein anderer «very small». Als sie ihre kleine Schwester anfaßte, sagte sie: «Baby – small. Puppy – very small.»

Seit ich Helen keinen regelrechten Unterricht mehr gebe, finde ich, daß sie viel rascher lernt. Ich bin überzeugt, daß die Zeit, die ein Lehrer darauf verwendet, sich zu vergewissern, ob das Kind seine Lektion auch behalten habe, so gut wie weggeworfen ist. Meines Erachtens ist es viel richtiger, anzunehmen, daß das Kind tut, was in seinen Kräften steht, und daß die ausgestreute Saat zur rechten Zeit schon Früchte tragen wird.

16. Mai 1887

Wir haben angefangen, jeden Morgen sofort nach dem Frühstück große Spaziergänge zu machen. Das Wetter ist schön, und es riecht überall nach Erdbeeren. Unser Beobachtungsplatz ist «Kellers Landeplatz» am Tennessee, in etwa drei Kilometer Entfernung. Wir wissen nie, wie wir dorthin kommen oder wo wir in einem bestimmten Augenblick sind; aber das trägt nur zum Spaß bei, besonders wenn alles neu und seltsam ist. Tatsächlich komme ich mir vor, als habe ich bis jetzt nichts gesehen, so viel hat Helen auf dem Weg zu fragen. Wir jagen Schmetterlinge und fangen manchmal einen. Dann setzen wir uns unter einen Baum oder in den Schatten eines Strauches und sprechen über ihn. Nachher, wenn er die Lektion überlebt hat, lassen wir ihn frei; aber gewöhnlich werden sein Leben und seine Schönheit auf dem Altar des Lernens geopfert, so daß er in einem gewissen Sinn für immer lebt, denn wurde er nicht in lebende Gedanken verwandelt? Es ist wunderbar, wie Worte Ideen wecken! Jedes neue Wort, das Helen lernt, scheint das Bedürfnis nach vielen anderen heraufzubeschwören. Ihr Geist wächst durch seine unaufhörliche Tätigkeit.

«Kellers Landeplatz» wurde während des Krieges zum Landen von Truppen benutzt, ist aber seither verfallen und mit Moos und Gräsern überwachsen. Die Stille dieses Plätzchens verführt zum Träumen. In der Nähe ist eine schöne kleine Quelle, die Helen «Eichhörnchenschale» nennt, weil die Eichhörnchen dort zum Trinken kamen. Sie hat tote Eichhörnchen, Kaninchen und andere wilde Tiere bestattet und möchte gern ein «walk squirrel» sehen, was wohl «ein lebendiges Eichhörnchen» heißen soll. Um die Mittagszeit gehen wir heim, und Helen berichtet ihrer

Mutter eifrig alles, was sie gesehen hat. Dieser Wunsch, was sie gelernt hat zu wiederholen, zeigt einen bemerkenswerten Fortschritt in der Entwicklung ihres Intellekts und ist ein unschätzbarer Anreiz zur Aneignung der Sprache. Ich bitte alle ihre Freunde, sie darin zu ermutigen, ihnen von ihrem Tun zu erzählen, und soviel Interesse und Neugier für ihre kleinen Abenteuer zu zeigen wie möglich. Das befriedigt das Bedürfnis des Kindes nach Anerkennung und hält sein Interesse an den Dingen wach. Es ist die Basis echten Gedankenaustausches. Sie macht viele Fehler, natürlich, verdreht Wörter und Sätze, spannt den Wagen vor das Pferd und gerät in ein hoffnungsloses Durcheinander von Namen und Verben; aber das tut auch das hörende Kind. Ich bin sicher, diese Schwierigkeiten werden von selbst verschwinden. Wichtig ist, daß sie den Impuls zu erzählen zeigt. Ich helfe hier und dort mit einem Wort, manchmal einem Satz aus oder erinnere sie an etwas, das sie ausgelassen oder vergessen hat. So wächst ihr Wortschatz zusehends, und die neuen Wörter keimen und bringen neue Ideen hervor; und sie sind das Material, aus dem Himmel und Erde gemacht sind.

22. Mai 1887

Meine Aufgabe wird jeden Tag fesselnder und interessanter. Helen ist ein wunderbares Kind, so spontan und lerneifrig. Sie kennt jetzt etwa dreihundert Wörter und eine große Menge alltäglicher Redensarten, und es sind noch nicht drei Monate her, seit sie ihr erstes Wort lernte. Es ist ein seltsames Glück, das Erwachen, das Wachsen und die ersten, schwachen Betätigungen eines lebenden Geistes zu beobachten; ich genieße dieses Glück, noch mehr: Es ist mir vergönnt, diesen herrlichen Intellekt zu wecken und zu leiten.

Wenn ich mich für diese Aufgabe nur besser eignete! Ich

fühle mich ihr täglich weniger gewachsen. Mein Kopf steckt voller Pläne; nur kann ich sie leider nicht in die Tat umsetzen. Sie sehen, mein Geist ist undiszipliniert, voll Seitensprüngen und plötzlichen Einfällen und unerwartet in dunklen Winkeln versteckten Ideen. Wie gern möchte ich das alles schön in Ordnung bringen! Wenn ich nur jemand hätte, der mir helfen könnte! Ich brauche einen Lehrer, genau wie Helen. Ich weiß, daß die Erziehung dieses Kindes das Hauptereignis meines Lebens sein wird, wenn ich die Kraft und die Ausdauer habe, sie zu vollenden. Eins ist mir klargeworden: Helen muß Bücher benutzen lernen, wir müssen sie beide benutzen lernen – dabei fällt mir ein: Wollen Sie die Freundlichkeit haben, Mr. Anagnos zu bitten, mir die Psychologien von Perez und Sully zu besorgen? Ich glaube, sie werden mir nützen.

Wir machen jetzt jeden Tag Leseübungen. In der Regel nehmen wir eins der kleinen Lesebücher mit auf einen hohen Baum, der in der Nähe des Hauses steht, und verwenden eine bis zwei Stunden auf das Aufsuchen von Wörtern, die Helen schon kennt. Wir treiben es als eine Art Spiel und sehen, wer die Wörter rascher finden kann, Helen mit ihren Fingern oder ich mit meinen Augen, und sie lernt so viele neue Wörter, wie ich ihr mit Hilfe der ihr bereits bekannten erklären kann. Gleiten ihre Finger über Wörter, die sie schon kennt, so schreit sie vor Vergnügen und herzt und küßt mich vor Freude, besonders wenn sie glaubt, mich besiegt zu haben. Später setze ich die neuen Wörter im Rahmen zu kleinen Sätzen zusammen, und manchmal ist es möglich, sie zu einer kleinen Geschichte von einer Biene, einer Katze oder einem kleinen Knaben zu gestalten. Ich kann Helen jetzt die Treppe hinauf- oder hinuntergehen heißen, Gegenstände wegtragen oder bringen, sitzen, stehen, gehen, laufen, liegen, kriechen, sich herumwälzen oder klettern; sie ist über alle Tätigkeitswörter entzückt; daher macht es überhaupt keine Mühe, ihr die Verben beizubringen.

Eine von Helens alten Gewohnheiten, die am festesten eingewurzelt und am schwersten zu bekämpfen ist, ist die Sucht, Gegenstände kaputtzumachen. Wenn sie irgend etwas auf ihrem Weg findet, so schleudert sie es zur Erde, gleichviel, was es ist: ein Glas, ein Krug oder gar eine Lampe. Sie besitzt eine Menge Puppen, und jede von ihnen ist in einem Anfall von Wut oder Langeweile zerbrochen worden. Eines Tages hatte ihr ein Besucher eine neue Puppe mitgebracht, und ich wollte versuchen, ob ich es Helen begreiflich machen könnte, daß sie sie nicht zerbrechen dürfe. Ich ließ sie die Bewegungen machen, als schlüge sie den Kopf der Puppe auf den Tisch, und buchstabierte ihr in die Hand: «No, no, Helen is naughty. Teacher is sad» (Nein, nein, Helen ist unartig. Lehrerin ist traurig) und ließ sie den bekümmerten Ausdruck meines Gesichtes fühlen. Dann ließ ich sie die Puppe liebkosen, auf die getroffene Stelle küssen und zärtlich in ihren Armen wiegen, buchstabierte dabei in ihre Hand: «Good Helen, teacher is happy» (gute Helen, Lehrerin ist glücklich) und ließ sie das Lächeln auf meinem Gesicht fühlen. Sie machte diese Bewegung mehrmals und gab dabei auf jede Kleinigkeit acht; dann stand sie einen Augenblick ganz still mit bekümmertem Gesichtsausdruck, der sich aber plötzlich aufhellte, buchstabierte: «Good Helen» und verzog ihr Gesicht zu einem breiten, künstlichen Lächeln. Dann trug sie die Puppe die Treppe hinauf, legte sie in das oberste Fach des Kleiderschrankes und hat sie seitdem nie wieder berührt.

2. Juni 1887

Das Wetter ist drückend heiß. Wir schmachten förmlich nach Regen. Wir sind alle in großer Sorge um Helen. Sie ist sehr nervös und aufgeregt. Sie kann nicht schlafen und leidet an Appetitlosigkeit. Der Arzt sagt, ihr Geist sei überanstrengt; wie sollen wir sie aber vom Denken abhalten? Sie beginnt zu buchstabieren, sobald sie aufsteht, und fährt damit den ganzen Tag fort. Wenn ich nicht mit ihr sprechen will, so buchstabiert sie in ihre eigene Hand und unterhält sich anscheinend auf das lebhafteste mit sich selbst.

Ich gab ihr meinen Braillestift in der Meinung, das mechanische Einstechen von Löchern in das Papier würde sie zerstreuen und ihren Geist beruhigen. Wie groß war aber mein Erstaunen, als ich sah, daß die kleine Hexe Briefe schreibt! Ich hatte keine Ahnung, daß sie wußte, was ein Brief überhaupt ist. Sie ist öfters mit mir zur Post gegangen, wenn ich Briefe hinbrachte, und ich glaube, ich habe ihr manches aus dem Inhalt der Briefe an Sie mitgeteilt. Auch wußte sie, daß ich ab und zu «Briefe an blinde Mädchen» mit dem Braillestift schreibe, aber ich glaubte nicht, daß sie irgendeine klare Vorstellung davon hätte, was ein Brief ist. Eines Tages brachte sie mir einen Bogen, den sie über und über mit Löchern bedeckt hatte, wollte ihn in einen Umschlag stecken und zur Post tragen. Sie sagte: «Frank – letter.» (Frank – Brief.) Ich fragte sie, was sie denn an Frank geschrieben habe. Sie entgegnete: «Much words. Puppy mother dog – five. Baby – cry. Hot. Helen walk – no. Sunfire – bad. Frank – come. Helen – kiss Frank. Strawberries – very good.» (Viele Wörter. Mutterhund Junge – fünf. Baby – schreien. Heiß. Helen spazierengehen – nein. Sonnenfeuer – bös. Frank – kommen. Helen – küssen Frank. Erdbeeren – sehr gut.)

Helen liest fast ebenso eifrig, wie sie spricht. Ich glaube, sie versteht den Inhalt ganzer Sätze, indem sie die Bedeutung der ihr unbekannten Wörter aus dem Zusammenhang errät.

Als ich eines Abends zu Bett ging, fand ich Helen fest eingeschlafen, mit einem großen Buch fest in den Armen. Sie hatte offenbar gelesen und war dabei eingeschlafen. Als ich am nächsten Morgen danach fragte, antwortete sie: «Book – cry» (Buch – weinen) und ergänzte dies durch Zittern und andere Zeichen von Angst. Ich lehrte sie das Wort «afraid», und sie sagte: «Helen is not afraid. Book is afraid. Book will sleep with girl.» (Helen hat keine Angst. Buch hat Angst. Buch will schlafen mit Mädchen.) Ich erklärte ihr, daß sich das Buch nicht fürchte und in seinem Schrank schlafen müsse und daß «girl» nicht im Bett lesen dürfe. Sie sah mich ganz verschmitzt an und begriff offenbar, daß ich ihre List durchschaut hatte.

Und nun zum Schluß noch eins, das nur für Ihre Ohren bestimmt ist. Eine innere Stimme sagt mir, daß mein Unternehmen über alles Wünschen und Träumen hinaus von Erfolg gekrönt sein wird. Ich weiß, meine Schülerin besitzt hervorragende Anlagen, und ich glaube, daß ich fähig bin, sie zu entwickeln und auszubilden. Ich kann Ihnen nicht sagen, wie ich zu dieser Überzeugung gelangt bin. Noch vor kurzer Zeit hatte ich keine Idee, wie ich es anfangen sollte; ich tappte vollständig im dunklen; aber irgendwie weiß ich es jetzt, und ich weiß, daß ich es weiß. Ich kann es nicht erklären, aber wenn sich Schwierigkeiten ergeben, bin ich weder ratlos noch im Zweifel. Ich weiß, wie ich mit ihnen fertig werden kann; ich scheine Helens individuelle Bedürfnisse zu ahnen. Es ist wunderbar.

Schon erregt Helen allgemein großes Interesse. Niemand lernt sie kennen, ohne sehr beeindruckt zu sein. Sie ist ein außergewöhnliches Kind, und das Interesse der Öffentlichkeit an ihrer Erziehung wird ebenfalls außergewöhnlich sein. Daher wollen wir überaus vorsichtig in bezug auf alles sein, was wir über sie sagen oder schreiben. Ich werde Ihnen immer ohne jeden Rückhalt schreiben und alles berichten, aber nur unter einer Bedingung, nämlich der, daß Sie mir versprechen, meine Briefe niemand zu zeigen. Meine herrliche Helen soll nicht zu einem Wunderkind gemacht werden, wenn ich es verhüten kann.

5. Juni 1887

Die Hitze macht Helen müde und schlaff. Tatsächlich hat das drückend heiße Wetter uns alle in einen halbflüssigen Zustand versetzt. Gestern zog Helen die Kleider aus und saß den ganzen Nachmittag im Evaskostüm da. Als die Sonne das Fenster erreicht hatte, an dem sie saß und las, stand sie ungeduldig auf und machte es zu. Aber als die Sonne trotzdem hereinschien, kam sie mit betrübtem Gesicht zu mir herüber und buchstabierte nachdrücklich: «Sun is bad boy. Sun must go to bed.» (Sonne ist unartiger Junge. Sonne muß ins Bett gehen.)

Sie ist jetzt das liebste, drolligste kleine Ding und so zärtlich! Eines Tages, als sie mir etwas Wasser bringen sollte, sagte sie: «Legs very tired. Legs cry much.» (Beine sehr müde. Beine weinen sehr.)

Sie interessiert sich sehr für ein paar kleine Küken, die sich diesen Morgen den Weg in die Welt gepickt haben. Ich ließ sie ein Ei in der Hand halten und das Küken «chep, chep» machen fühlen. Ihr Erstaunen, als sie das winzige Wesen darin fühlte, läßt sich nicht mit Worten beschreiben. Die Henne war sehr gutmütig und wendete nichts ein gegen unsere Neugier. Außer den Küken haben wir verschiedenen anderen Familienzuwachs – zwei Kälbchen, ein Füllen und einen Stall voll lustiger kleiner Schweinchen. Sie würden lachen, wenn Sie mich ein quietschendes Ferkel im Arm halten sähen, während Helen es über und über betastet und unzählige Fragen stellt – Fragen, die keineswegs leicht zu beantworten sind. Nachdem sie die Küken aus dem Ei hatte schlüpfen sehen, fragte sie: «Did baby pig grow in egg? Where are many shells?» (Wuchs Babyschwein im Ei? Wo sind viele Schalen?)

Helens Kopf mißt zweiundfünfzig Zentimeter Umfang und meiner vierundfünfzig. Sie sehen, ich habe nur zwei Zentimeter Vorsprung!

12. Juni 1887

Das Wetter ist nach wie vor heiß. Helen ist dieselbe geblieben – bleich und mager. Doch dürfen Sie nicht glauben, daß sie krank ist. Ich bin überzeugt, die Hitze und nicht die natürliche, vielversprechende geistige Regsamkeit ist schuld an ihrem Zustand. Selbstverständlich werde ich ihr Gehirn nicht überlasten. Wir werden täglich von Leuten belästigt, die erklären, Helen «strenge sich zu sehr an», ihr Geist sei zu rege (genau die gleichen Personen glaubten noch vor ein paar Monaten, sie besäße überhaupt keinen), und die uns allerhand unmögliche und widersinnige Ratschläge erteilen.

Augenblicklich unterweise ich Helen in Blockschrift. Diese Beschäftigung lenkt sie etwas ab und zwingt sie zum Stillsitzen, was bei dieser erschlaffenden Hitze sehr wünschenswert ist. Sie hat eine wahre Manie für das Zählen. Sie hat alles im Haus gezählt und ist jetzt dabei, die Wörter in ihrer Fibel zu zählen. Hoffentlich wird es ihr nicht in den

Sinn kommen, die Haare auf ihrem Kopf zu zählen. Könnte sie sehen und hören, so würde ich ihre überschüssige Energie in einer Weise entladen, die vielleicht ihr Gehirn nicht so übermäßig belasten würde, obgleich ich glaube, daß auch das normale Kind sein Spiel ziemlich ernst nimmt.

15. Juni 1887

In der vergangenen Nacht hatten wir ein prächtiges Gewitter, und es ist heute viel kühler. Wir fühlen uns alle erfrischt, als hätten wir eine Dusche genommen. Helen läuft herum wie ein Wiesel. Sie wollte wissen, ob im Himmel geschossen würde, als sie den Donner fühlte, und ob die Bäume und Blumen allen Regen aufsaugten.

Sie kennt jetzt vierhundert Wörter, abgesehen von zahlreichen Eigennamen. Sie kann rasch bis dreißig zählen, und sieben von den Buchstaben der Blockschrift sowie die Wörter, die sie aus ihnen bilden kann, schreiben . . . Sie erkennt sofort jeden wieder, dem sie einmal begegnet ist. Im Gegensatz zu Laura Bridgman liebt sie männliche Gesellschaft, und wir bemerken, daß sie sich leichter mit Männern befreundet als mit Frauen.

Sie ist stets bereit, was sie hat, mit ihrer Umgebung zu teilen, wobei oft nur sehr wenig für sie selbst übrigbleibt. Sie hält sehr auf ihre Kleider, liebt es, sich hübsch anzuziehen, und ist ganz untröstlich, wenn sie ein Loch in einem Kleidungsstück entdeckt. Abends will sie durchaus ihre Haare zu Locken gedreht haben, selbst wenn sie so müde ist, daß sie kaum stehen kann. Neulich entdeckte sie ein Loch in einem ihrer Schuhe, ging nach dem Frühstück zu ihrem Vater und buchstabierte: «Helen new boot Simpson buggy store man.» (Helen neue Schuhe Simpson [ihr Bruder] Wagen laden Mann.) Jeder versteht leicht, was sie meinte.

3. Juli 1887

Heute früh entstand ein großer Lärm im Erdgeschoß. Ich hörte Helen schreien und eilte hinunter, um zu sehen, was los war. Ich fand sie in fürchterlicher Aufregung. Ich hatte gehofft, ein solcher Auftritt würde sich nie wieder ereignen. Sie war die letzten zwei Monate so artig und folgsam gewesen, daß ich glaubte, ich hätte die Löwin gebändigt, aber sie schien nur geschlafen zu haben. Jedenfalls zauste, kratzte und biß sie jetzt Viney wie eine wilde Katze. Anscheinend hatte die Hausangestellte versucht, Helen ein Glas wegzunehmen, das diese mit Steinen füllte, denn sie fürchtete, Helen könnte es zerbrechen. Helen widersetzte sich; Viney versuchte, es ihr wegzureißen, und ich fürchte, sie hat das Kind geschlagen oder sonst etwas getan, was diesen außergewöhnlichen Wutausbruch provozierte. Als ich Helen bei der Hand nahm, begann sie zu weinen. Ich fragte sie, was geschehen sei, und sie buchstabierte: «Viney – bad» (böse), und begann sie mit erneuter Heftigkeit zu schlagen und mit den Füßen zu treten. Ich hielt ihr die Hände fest, bis sie sich beruhigt hatte.

Später kam Helen zu mir ins Zimmer; sie sah sehr traurig aus und wollte mich küssen. Ich antwortete: «I can not kiss naughty girl» (Ich kann ein unartiges Mädchen nicht küssen), worauf sie buchstabierte: «Helen is good, Viney is bad.» (Helen ist lieb, Viney ist böse.) Ich erwiderte: «Du hast Viney geschlagen und getreten und ihr weh getan. Du bist sehr unartig gewesen, und ich kann ein unartiges Mädchen nicht küssen.» Sie stand einen Augenblick ganz still, und man sah, daß sie mit sich kämpfte. Dann antwortete sie: «Helen hat Lehrerin nicht lieb. Helen hat Mutter lieb. Mutter wird Viney verprügeln.» Ich sagte ihr, sie täte besser, nicht mehr über den Vorfall zu sprechen. Sie erkannte, daß ich sehr betrübt war, und wollte sich an mich schmiegen; ich hielt es aber für das beste, ihr einen besonderen Platz anzuweisen. Beim Mittagessen war sie sehr bekümmert, weil ich nichts aß, und machte den Vorschlag, die Köchin solle Tee für mich bereiten. Aber ich sagte ihr, mein Herz sei traurig, und ich hätte keine Lust zu essen. Sie begann zu weinen und zu schluchzen und klammerte sich an mich.

Sie war sehr aufgeregt, als wir nach oben gingen, und ich versuchte daher, ihre Aufmerksamkeit auf ein sonderbares Tier, eine Stabheuschrecke zu lenken. Dies ist das sonderbarste Geschöpf, das ich je gesehen habe – ich wollte nicht glauben, daß es lebendig sei, bis ich es sich bewegen sah. Und selbst dann glich es eher einem mechanischen Spielzeug als einem lebendigen Wesen. Aber Helen, das arme kleine Ding, konnte ihre Aufmerksamkeit nicht darauf konzentrieren. Ihr Herz war voll Kummer, und sie wollte darüber sprechen. Sie fragte: «Can bug know about naughty girl? Is bug very happy?» (Kann Käfer wissen von unartigem Mädchen? Ist Käfer sehr glücklich?) Dann schlang sie die Arme um meinen Hals und sagte: «I am good tomorrow. Helen is good all days.» (Ich bin morgen lieb. Helen ist alle Tage lieb.) «Willst du Viney sagen, daß es dir leid tut, daß du sie gekratzt und getreten hast?» Sie lächelte und antwortete: «Viney not spell words.» (Viney nicht Wörter buchstabieren.) «Ich werde Viney sagen, daß es dir sehr leid tut. Willst du mit mir gehen und Viney suchen?» Sie war dazu bereit und ließ sich von Viney küssen, obgleich sie ihre Liebkosung nicht erwiderte. Seitdem ist sie außergewöhnlich sanft, und über ihren Zügen liegt eine

Anmut – eine Seelenschönheit, die ich an ihr bisher nicht wahrgenommen habe.

31. Juli 1887

Helen schreibt mit Bleistift schon ganz gut. Ich lehre sie das Braillealphabet, und sie ist ganz entzückt darüber, daß sie nun imstande ist, Wörter zusammenzustellen, die sie fühlen kann.

Ihre Entwicklung ist jetzt so weit fortgeschritten, daß sie nach allem fragt. Was? Warum? Wann? – so geht es den ganzen Tag über, und je mehr ihre Intelligenz wächst, desto drängender werden die Fragen. Ich entsinne mich, wie lästig ich immer das ewige Fragen der Kinder meiner Bekannten fand, aber jetzt weiß ich, daß diese Fragen von dem zunehmenden Interesse des Kindes an den Ursachen der Dinge herrühren. Das «Warum?» ist das Tor, durch das es die Welt des Denkens und der Überlegung betritt ... Ihr Denken geht nicht logischer vor sich als das von Durchschnittskindern. Im ganzen gleichen ihre Fragen denen, die ein aufgewecktes Kind von drei Jahren stellt; aber ihre Wißbegier ist sehr groß – ihre Fragen fallen mir nie auf die Nerven, obgleich sie mein geringes Maß an Kenntnissen und meinen Scharfsinn auf eine harte Probe stellen.

Vorigen Sonntag bekam ich einen Brief von Laura Bridgman. Sagen Sie ihr bitte meinen herzlichsten Dank dafür, und teilen Sie ihr mit, daß Helen ihr einen Kuß schickt. Ich las den Brief beim Abendessen, und Mrs. Keller rief aus: «Sie sehen, Miss Annie, Helen schreibt schon jetzt beinahe ebensogut!» – Es ist wahr.

28. August 1887

Ich wünschte, es würde nichts Neues mehr geboren: Kleine Hunde, kleine Kälber und kleine Kinder erhalten Helens Interesse an dem «Warum» und «Wozu» der Dinge auf dem Siedepunkt. Die eines Tages erfolgte Ankunft eines neugeborenen Kindes in Ivy Green bot Gelegenheit zu einer Unmenge von Fragen über die Herkunft der Kinder und der lebenden Wesen im allgemeinen. «Where did Sheila get new baby? How did doctor find Guy and Prince (puppies)? Why is Elisabeth Evelyn's sister?» (Woher bekam Sheila neues Baby? Wie fand Doktor Guy und Prince? Warum ist Elisabeth Evelyns Schwester?) Diese Fragen wurden zuweilen peinlich, und es war mir klar, daß etwas geschehen muß. War es für Helen natürlich, solche Fragen zu stellen, so war es meine Pflicht, sie zu beantworten. Es ist meines Erachtens ein großer Fehler, Kinder mit falschen Angaben und Unsinn abzuspeisen, wenn ihr zunehmendes Beobachtungs- und Unterscheidungsvermögen in ihnen den Wunsch wachruft, Auskunft über gewisse Dinge zu erhalten. Von Anfang an hatte ich es mir zum Prinzip gemacht, alle Fragen Helens nach meinem besten Wissen in einer ihr verständlichen Weise und wahrheitsgemäß zu beantworten. Warum sollte ich diese Fragen abweichend behandeln? fragte ich mich. Ich konnte, abgesehen von meiner eigenen Unbeholfenheit in Sachen Aufklärung, keinen Grund dafür erblicken. Es gibt in dieser weltabgeschiedenen Gegend keine Seele, die ich hierbei oder bei einer anderen pädagogischen Schwierigkeit um Rat fragen könnte. Das einzige, was ich in solchen Fällen tun kann, ist, frisch draufloszugehen und aus meinen Mißgriffen zu lernen. Aber hier glaube ich keinen Mißgriff begangen zu haben. Ich nahm Helen und mein botanisches Lehrbuch mit auf den Baum hinauf, auf dem wir oft lesen und studieren, und erzählte ihr in einfachen Worten die Geschichte des Pflanzenlebens. Ich erinnerte sie an das Getreide, die Bohnen, die Wassermelonen, die sie im Frühjahr gepflanzt hatte, und sagte ihr, daß das hohe Korn, die Bohnen und die Wassermelonen aus Samenkörnern entstanden seien. Ich erklärte ihr, wie die Erde die Samenkörner warm und feucht hält, bis die kleinen Blättchen stark genug sind, um sich ans Licht und an die Luft zu drängen, wo sie atmen und wachsen und blühen und weitere Samenkörner hervorbringen, aus denen wiederum andere Pflanzen, ihre Kinder, emporwachsen. Ich zog einen Vergleich zwischen dem Pflanzen- und dem Tierreich und sagte ihr, die Samenkörner seien genau solche Eier wie die Hühnereier und Vogeleier, die die Glucke warm und trocken hält, bis die kleinen Hühnchen ausschlüpfen. Ich machte ihr verständlich, daß alles Leben aus einem Ei komme. Die Vogelmutter legt ihre Eier in ein Nest und hält sie warm, bis die kleinen Vögelchen auskriechen. Die Fischmutter legt ihre Eier dorthin, wo sie feucht und sicher sind, bis die kleinen Fische ausschlüpfen. Ich erklärte ihr, sie könne das Ei als die Wiege des Lebens bezeichnen. Dann erzählte ich ihr, daß andere Lebewesen wie der Hund und die Kuh und auch die Menschen ihre Eier nicht legten, sondern ihre Kinder in ihrem eigenen Leib ernährten. Ich hatte keine Schwierigkeit, ihr klarzumachen, daß, wenn Pflanzen und Tiere nicht Nachkommen derselben Art hervorbrächten, sie bald aufhören würden zu existieren und daß dann bald alles in der Welt aussterben würde. Über die geschlechtlichen Funktionen ging ich so leicht wie möglich hinweg. Ich suchte ihr aber einen Begriff davon zu geben, daß die Liebe die große Fortpflanzerin des Lebens sei. Das Thema war schwierig und mein Wissen unzulänglich; aber ich freute mich, vor meiner Verantwortung nicht zurückgeschreckt zu sein, denn so stockend und unzureichend meine Erklärung auch gewesen sein mag, sie berührte verwandte Saiten in der Seele meiner kleinen Schülerin, und die Leichtigkeit, mit der Helen die Fortpflanzung des Lebens begriff, bestärkte mich in der Meinung, daß im Kind bei seiner Geburt die gesamten Erfahrungen des Menschengeschlechts schlummernd vorhanden sind. Diese Erfahrungen sind wie photographische Negative, bis die Sprache sich entwickelt und die Erinnerungsbilder hervorbringt.

4. September 1887

Helen bekam heute morgen einen Brief von ihrem Onkel, Dr. Keller. Er lud sie ein, ihn einmal in Hot Springs zu besuchen. Der Name Hot Springs (heiße Quellen) interessierte sie, und sie stellte mehrere Fragen dazu. Sie kannte kalte Quellen, von denen es mehrere in der Nähe von Tuscumbia gibt. Aber sie war erstaunt darüber, daß heißes Wasser aus der Erde kommen sollte. Sie wollte wissen, wer unter der Erde Feuer angemacht habe, ob es wie das Feuer in den Öfen sei und ob es die Wurzeln der Bäume und Pflanzen verbrenne.

Sie war über den Brief sehr erfreut, und nachdem sie alle möglichen Fragen an mich gestellt hatte, nahm sie ihn mit zu ihrer Mutter, die in der Halle saß und nähte, und las ihn ihr vor. Es war lustig, wie sie den Brief vor die Augen hielt und die Sätze mit den Fingern herbuchstabierte, genau wie ich es getan hatte. Später versuchte sie ihn Belle (dem Hund) und Mildred vorzulesen. Mrs. Keller und ich beobachteten diese Bemutterungskomödie von der Tür aus. Belle war schläfrig und Mildred unaufmerksam. Helen sah sehr ernst aus und zog ein paarmal, wenn Mildred versuchte, ihr den Brief wegzunehmen, die Hand ungeduldig zurück. Schließlich stand Belle auf, schüttelte sich und wollte fortgehen, aber Helen packte sie am Nacken und nötigte sie, sich wieder hinzulegen. Inzwischen hatte Mildred den Brief ergriffen und kroch mit ihm davon. Helen tastete auf dem Fußboden danach; als sie ihn nicht fand, hatte sie augenscheinlich Mildred im Verdacht, denn sie stieß den leisen Ton aus, mit dem sie ihr Schwesterchen zu rufen pflegt. Dann erhob sie sich und stand eine Weile still, als lausche sie mit ihren Füßen auf Mildreds «tapp, tapp». Als sie erkannt hatte, aus welcher Richtung das Geräusch kam, eilte sie rasch auf die kleine Übeltäterin zu und fand sie, wie sie an dem kostbaren Brief herumkaute! Das war zuviel für Helen. Sie riß ihr den Brief weg und schlug ihr auf die Händchen, daß es nur so klatschte. Mrs. Keller nahm das Kind auf den Arm, und als es ihr gelungen war, es zu beruhigen, fragte ich Helen: «Was hast du Baby getan?» Sie sah ganz verlegen aus und zögerte einen Augenblick mit der Antwort. Dann sagte sie: «Wrong girl did eat letter. Helen did slap very wrong girl.» (Böses Mädchen tat essen Brief. Helen tat sehr böses Mädchen schlagen.) Ich erwiderte, Mildred sei noch sehr klein und wisse nicht, daß es unrecht sei, den Brief in den Mund zu nehmen.

«I did tell baby no, no, much times» (Ich tat sagen Baby nein, nein, viele Male), war Helens Antwort.

Ich entgegnete: «Mildred versteht deine Finger nicht, und wir müssen sehr lieb mit ihr sein.»

Sie schüttelte den Kopf. «Baby – not think. Helen will give Baby pretty letter» (Baby – nicht denken. Helen wird Baby schönen Brief geben), und damit lief sie die Treppe hinauf und brachte einen sauber gefalteten Braillebogen, auf den sie ein paar Worte geschrieben hatte, und gab ihn Mildred mit dem Kommentar: «Baby can eat all words.» (Baby kann essen alle Wörter.)

25. Oktober 1887

Bevor dieser Brief in Ihre Hände gelangt, haben Sie wahrscheinlich schon Helens zweiten Brief an die kleinen Mädchen gelesen. Ich weiß, der Fortschritt, den sie in der Zeit zwischen den beiden Briefen gemacht hat, muß unglaublich erscheinen. Nur wer täglich mit ihr verkehrt, kann sich eine Vorstellung von den raschen Fortschritten machen, die sie in der Beherrschung der Sprache macht. Sie werden aus ihrem Brief entnehmen, daß sie viele Pronomen ganz richtig gebraucht. In der Unterhaltung gebraucht sie selten eins falsch oder läßt es aus. Ihre Leidenschaft, Briefe zu schreiben und ihre Gedanken zu Papier zu bringen, wird von Tag zu Tag stärker. Sie erzählt jetzt Geschichten, in denen die Phantasie eine große Rolle spielt. Sie fängt auch an zu verstehen, daß sie nicht wie andere Kinder ist. Eines Tages fragte sie: «What do my eyes do?» (Was tun meine Augen?) Ich sagte ihr, ich könne die Gegenstände mit meinen Augen sehen und sie mit ihren Fingern. Nachdem sie eine Weile nachgedacht hatte, entgegnete sie: «My eyes are bad» (Meine Augen sind schlecht), dann verbesserte sie: «My eyes are sick» (krank).

13. November 1887

Wir nahmen Helen in den Zirkus mit und amüsierten uns königlich. Während wir vor den Käfigen standen, brüllte der Löwe, und Helen fühlte die Erschütterung der Luft so deutlich, daß sie den Ton ganz genau unterscheiden konnte.

Die Zirkusleute interessierten sich sehr für Helen und taten alles, um ihr diesen Zirkusbesuch zu einem großen Erlebnis zu machen. Sie ließen sie die Tiere berühren, soweit es ungefährlich war. Sie durfte auf einem der größten Elefanten reiten, die Löwenjungen, die sanft wie Kätzchen waren, streicheln; der Wärter des Schwarzbären ließ sie dem Bären die Tatze schütteln, was sie sehr höflich tat. Einer der drolligsten Affen stahl ihr Haarband, und ein anderer wollte die Blumen von ihrem Hut reißen. Ich weiß nicht, wer sich am meisten amüsierte, die Affen, Helen oder die Zuschauer. Der Giraffenwärter hob sie hoch, damit sie den langen Hals und die Ohren befühlen konnte und sehen, wie groß sie waren.

Ich versuchte, ihr das Aussehen eines Kamels zu beschreiben; da wir das Tier nicht berühren durften, dachte ich, sie hätte keine rechte Vorstellung von ihm bekommen. Ein paar Tage später hörte ich ein Herumtappen im Schulzimmer, und als ich eintrat, fand ich Helen auf allen vieren mit einem Kissen auf dem Rücken, das so befestigt war, daß es in der Mitte eine Vertiefung und auf jeder Seite einen Höcker bildete. Zwischen diese Höcker hatte sie ihre Puppe gesetzt, die sie so im Zimmer herumreiten ließ. Ich beobachtete sie längere Zeit, während sie sich mit langen Schritten herumbewegte, um den Gang des Kamels, wie ich ihn ihr beschrieben hatte, nachzuahmen. Als ich sie fragte, was sie denn da mache, antwortete sie: «I am a very funny camel.» (Ich bin ein sehr komisches Kamel.)

1. Januar 1888

Die Weihnachtswoche war sehr geschäftig hier. Helen war zu allen Kinderfestlichkeiten eingeladen, und ich nehme sie so viel wie möglich zu solchen Einladungen mit. Ich will, daß sie andere Kinder kennt und viel mit ihnen zusammen ist. Samstag hatten die Schulkinder ihren Baum, und ich ging mit Helen hin. Es war der erste Weihnachtsbaum für sie, und sie war erstaunt und stellte viele Fragen: «Wer machte Baum im Haus wachsen? Wer hängte alle Sachen an Baum?» Sie glaubte zuerst, daß alles für sie sei, aber als ich ihr sagte, daß für jedes Kind ein Geschenk da sei und daß sie sie verteilen dürfe, war sie entzückt und widerstand jeder Versuchung, ihre eigenen Geschenke zu begutachten, ehe sie alle anderen verteilt hatte. Ein Kind hatte weniger Geschenke als die anderen, und Helen bestand darauf, die ihren mit ihm zu teilen.

Es war rührend und schön, Helen ihr erstes Weihnachtsfest erleben zu sehen. Natürlich hängte sie ihre Strümpfe auf – zwei, falls St. Niklaus den einen vergessen würde –, lag lange wach und stand mehrmals auf, um zu sehen, ob etwas geschehen sei. Sie war als erste wach am Morgen und rannte zum Kamin. Als sie entdeckte, daß St. Niklaus beide Strümpfe gefüllt hatte, tanzte sie herum vor Freude, dann wurde sie still und kam zu mir, um zu fragen, ob St. Niklaus sich nicht geirrt habe und denke, es seien zwei Mädchen da. Ich beruhigte sie. Der Ring, den Sie ihr schickten, war in der Spitze des Strumpfes, und als ich ihr sagte, daß Sie ihn St. Niklaus für sie gegeben hätten, sagte sie: «Ich liebe Mrs. Hopkins.»

Kürzlich stieß Helen in einer Geschichte auf das Wort «grandfather», und sie fragte ihre Mutter: «Where is grandfather?» (Wo ist Großvater?), womit sie ihren Großvater meinte. Mrs. Keller antwortete: «Er ist tot.» Helen fragte: «Did father shoot him?» (Hat Vater ihn geschossen?) und fügte hinzu: «I will eat grandfather for dinner.» (Ich will Großvater zu Mittag essen.) Bis jetzt steht ihre einzige Kenntnis vom Tod in Verbindung mit eßbaren Dingen; sie weiß, daß ihr Vater Rebhühner, Hirsche und anderes Wild schießt.

Heute morgen fragte sie nach der Bedeutung von «carpenter» (Zimmermann), und diese Frage lieferte uns den Stoff für unsere Unterrichtsstunde. Nachdem wir über die verschiedenen Gegenstände, die Zimmerleute machen, gesprochen hatten, fragte sie mich: «Did carpenter make me?» (Hat Zimmermann mich gemacht?) und buchstabierte rasch, ehe ich antworten konnte: «No, no, photographer made me in Sheffield.» (Nein, nein, Photograph machte mich in Sheffield.)

In Sheffield war einer der großen Hochöfen angeblasen worden, und wir fuhren eines Abends hin, um uns einen Guß anzusehen. Helen fühlte die Hitze und fragte: «Did the sun fall?» (Ist die Sonne heruntergefallen?)

26. Januar 1888.

Ich vermute, Sie haben Helens Brief erhalten. Stellen Sie sich vor, die kleine Spitzbübin hat es sich in den Kopf gesetzt, nicht mehr mit Bleistift zu schreiben! Sie sollte heute morgen an Onkel Frank schreiben, hatte aber keine Lust dazu und sagte: «Pencil is very tired in head. I will write Uncle Frank braille letter.» (Bleistift ist sehr müde an der Spitze. Ich werde Onkel Frank einen Braillebrief schreiben.) Auf meinen Einwand, Onkel Frank könne doch die Brailleschrift nicht lesen, erwiderte sie: «I will teach him.» (Ich will es ihn lehren.) Ich setzte ihr auseinander, Onkel Frank sei alt und könne die Brailleschrift nicht so leicht lernen. Sofort antwortete sie jedoch: «I think Uncle Frank is much old to read small letters.» (Ich denke, Onkel Frank ist alt genug, um kleine Briefe zu lesen.) Endlich brachte ich sie dazu, einige Zeilen zu schreiben, aber sie brach die Bleistiftspitze sechsmal ab, ehe sie fertig war. Ich sagte zu ihr: «Du bist ein unartiges Mädchen», aber sie entgegnete: «No, pencil is very weak.» (Nein, Bleistift ist sehr schwach.) Ich glaube, ihr Widerwillen gegen das Schreiben mit Bleistift läßt sich leicht daraus erklären, daß sie so viel zur Probe für Bekannte und Freunde hat schreiben müssen. Sie wissen, wie ungern das die Kinder im Institut tun. Es ist mühsam, weil es so langsam geht und sie nicht lesen können, was sie geschrieben haben, um die Fehler zu verbessern.

Helen interessiert sich immer mehr für Farben. Als ich ihr sagte, Mildreds Augen seien blau, fragte sie: «Are they like wee skies?» (Sind sie wie winzige Himmel?) Und als ich ihr erklärte, die Nelke, die sie geschenkt bekommen hatte, sei rot, warf sie ihre Lippen auf und sagte: «Lips are like one pink.» (Lippen sind wie eine Nelke.) Ich vermute, daß die Farbeindrücke, die sie während der ersten achtzehn Monate ihres Lebens, in denen sie sehen und hören konnte, erhalten hat, nicht gänzlich verschwunden sind. Alles, was wir gesehen und gehört haben, bleibt an irgendeiner Stelle des Gedächtnisses haften. Es mag zu unbestimmt und verworren sein, um deutlich wiedererkannt zu werden, aber es ist trotzdem vorhanden wie die Landschaft, die wir bei hereinbrechender Dämmerung aus den Augen verlieren.

5. März 1888

Ich hatte Helen am 1. März ein Tagebuch eingerichtet. Ich weiß nicht, wie lange sie es fortführen wird. Meines Erachtens ist es ein ziemlich unsinniges Unternehmen. Augenblicklich macht es ihr aber großen Spaß. Sie scheint gern alles niederzuschreiben, was ihr in den Sinn kommt. Am Sonntag trug sie folgendes ein:

Ich stand auf, wusch Gesicht und Hände, kämmte mein Haar und pflückte drei Veilchen für Lehrerin und aß mein Frühstück; nach dem Frühstück spielte ich kurze Zeit mit Puppen. Nancy war ungezogen. Ungezogen ist schreien und mit den Füßen stoßen (cross is cry and kick). Ich las in meinem Buch von großen, wilden Tieren. Wild ist sehr ungezogen und stark und sehr hungrig (Fierce is much cross and strong and very hungry). Ich liebe wilde Tiere nicht. Ich schrieb Brief an Onkel James. Er wohnt in Hot Springs. Er ist Doktor. Doktor macht krankes Mädchen gesund. Ich bin nicht gern krank (I do not like sick). Dann aß ich mein Mittagessen. Ich esse sehr gern viel Eiscreme (I like much icecream very much). Nach dem Mittagessen fuhr Vater auf Zug nach Birmingham. Ich hatte Brief von Robert. Er liebt mich. Er sagt: Liebe Helen, Robert freute sich, ein Brief von lieber, süßer, kleiner Helen zu bekommen. Ich werde kommen und dich besuchen, wenn die Sonne scheint. Mrs. Newsum ist Roberts Frau. Robert ist ihr Mann. Robert und ich werden laufen und springen und hüpfen und tanzen und schaukeln und von Vögeln und Blumen und Bäumen sprechen, und Jumbo und Pearl werden mit uns gehen. Lehrerin wird sagen: Wir sind dumm. Sie ist komisch. Komisch macht uns lachen (Funny makes us laugh). Natalie ist gutes Mädchen und schreit nicht. Mildred schreit. Sie wird in vielen Tagen ein hübsches Mädchen sein und mit mir laufen und spielen. Mrs. Graves macht kurze Kleider für Natalie. Mr. Mayo ging nach Duckhill und brachte viele hübsche Blumen nach Hause. Mr. Mayo und Mr. Farris und Mr. Graves lieben mich und Lehrerin. Ich gehe bald nach Memphis, um sie zu besuchen, und sie werden mich umarmen und küssen. Thornton geht zur Schule und macht sein Gesicht dreckig. Knabe muß sehr sorgsam sein. Nach dem Abendessen spielte ich Balgen mit Lehrerin. Sie begrub mich unter den Kissen, und ich wuchs sehr langsam wie ein Baum aus der Erde empor. Nun will ich zu Bett gehen.

Helen Keller

... Wir besuchten zusammen eine Schule für Gehörlose. Wir wurden sehr freundlich empfangen, und Helen freute sich, mit anderen Kindern zusammenzusein.

Zwei von den Lehrern kannten das Fingeralphabet und sprachen ohne Dolmetscher mit ihr. Sie waren erstaunt, in welchem Grad sie die Sprache beherrschte. Kein einziges Kind in der Schule, versicherten sie, besäße eine ähnliche Gewandtheit des Ausdrucks, obwohl einige von ihnen schon zwei bis drei Jahre unterrichtet wurden. Ich wollte das zuerst nicht glauben; nachdem ich aber die Kinder ein paar Stunden beim Unterricht beobachtet hatte, erkannte ich, daß man mir die Wahrheit gesagt hatte, und ich wunderte mich nicht mehr darüber. In einem Zimmer saßen einige kleine Knirpse und bildeten im Schweiß ihres Angesichts «einfache Sätze». Ein kleines Mädchen hatte geschrieben: Ich habe ein neues Kleid. Es ist ein hübsches Kleid. Meine Mama hat mein hübsches Kleid gemacht. Ich liebe Mama. – Ein kleiner Junge mit einem Lockenkopf schrieb soeben: Ich habe einen großen Ball. Ich liebe es, meinen großen Ball mit dem Fuß zu stoßen. – Als wir in das Zimmer traten, richtete sich die Aufmerksamkeit der Kinder auf Helen. Eins von ihnen faßte mich am Ärmel und sagte: «Mädchen ist blind.» Die Lehrerin schrieb an die Wandtafel: «Der Name des Mädchens ist Helen. Sie ist taubstumm. Sie kann nicht sehen. Wir bedauern sie sehr.» Ich fragte: «Warum schreiben Sie diese Sätze an die Tafel?

Würden die Kinder es nicht verstehen, wenn Sie mit ihnen über Helen sprächen?» Die Lehrerin sagte etwas über die Erlernung der richtigen Satzkonstruktion und fuhr in ihrer schriftlichen Stilübung über Helen fort. Ich fragte sie, ob das kleine Mädchen, das über das neue Kleid geschrieben hatte, sich wirklich so besonders über ihr Kleid gefreut habe. – «Nein», antwortete sie, «ich glaube nicht, aber Kinder lernen besser, wenn sie über etwas schreiben, das sie persönlich betrifft.» – Es erschien mir alles so mechanisch und schwerfällig, das Herz tat mir beim Anblick dieser armen Kinder weh. Niemand denkt daran, gleich zu Anfang ein hörendes Kind sagen zu lassen: «Ich habe ein hübsches Kleid.»

Im ganzen Schulbetrieb bemerkte ich denselben Mißstand. In jedem Klassenzimmer sah ich Sätze an der Wandtafel, die augenscheinlich zur Erläuterung einer grammatischen Regel oder zur Einübung von Wörtern hingeschrieben worden waren. Derlei mag für gewisse Unterrichtsstufen angebracht sein; aber es ist nicht der richtige Weg zur Erlernung der Sprache. Nichts, glaube ich, unterdrückt mehr den Trieb des Kindes, natürlich zu sprechen, als diese Übungen an der Wandtafel. Das Schulzimmer ist nicht die geeignete Umgebung, um einem Kind das Sprechen beizubringen, am allerwenigsten aber einem gehörlosen Kind. Dieses darf sich ebensowenig wie ein hörendes Kind der Tatsache bewußt werden, daß es Wörter lernt, und es sollte ihm gestattet sein, sich mit Hilfe seiner Finger oder des Bleistifts verständlich zu machen, meinetwegen in einzelnen Silben, bis die Zeit kommt, in der seine wachsende Intelligenz nach dem Satz verlangt. Der Gedanke an die Sprache sollte im Geist des Kindes nicht mit der Erinnerung an endlose Schulstunden, an schwierig zu beantwortende grammatische Fragen oder an irgend etwas verknüpft sein, das der Lebensfreude feindlich in den Weg tritt.

Aus Anne Sullivans Beitrag für den Jahresbericht 1888 des Perkins-Instituts:

... Im vergangenen Jahr erfreute sich Helen einer ausgezeichneten Gesundheit. Ihre Augen und Ohren sind von Spezialisten untersucht worden; diese sind der Meinung, daß sie nicht die geringste Licht- oder Schallempfindung haben kann.

Es läßt sich unmöglich angeben, in welchem Umfang ihr Geruchs- oder Geschmackssinn beim Erkennen der natürlichen Eigenschaften der Dinge behilflich sind; aber laut wissenschaftlichen Erkenntnissen üben diese Sinne einen großen Einfluß auf die psychische Entwicklung des Menschen aus. Helen schöpft aus diesen Sinnestätigkeiten zweifellos hohen Genuß. Beim Betreten eines Gewächshauses nimmt ihr Gesicht einen strahlenden Ausdruck an, und sie nennt die Namen der Blumen, die ihr bekannt sind, nur nach dem Geruch. Ihre Erinnerungen an Geruchseindrücke sind sehr lebhaft. Sie freut sich schon im voraus auf den Duft einer Rose oder eines Veilchens, und wenn ihr ein Strauß aus diesen Blumen versprochen wird, so überfliegt ein besonders glücklicher Ausdruck ihre Züge und beweist, daß sie in Gedanken deren Geruch empfindet und er ihr angenehm ist. Es kommt häufig vor, daß der Duft einer Blume oder der Geruch einer Frucht irgendein frohes Ereignis aus dem Familienleben oder ein heiteres Geburtstagsfest vergegenwärtigt.

Ihr Sensorium hat in diesem Jahr an Schärfe und Feinheit merklich zugenommen. In der Tat ist ihr ganzer Körper so sensibel, daß sie ihn zur Kontaktaufnahme zu ihrer Umgebung einzusetzen scheint. Sie ist nicht nur fähig, die von verschiedenen Tönen und Bewegungen hervorgerufenen Schwingungen der Luft und Erschütterungen des Bodens zu unterscheiden und ihre Freunde und Angehörigen sofort zu erkennen, wenn sie deren Hand oder Kleider berührt, sondern sie erkennt auch die Gemütsbewegungen der Personen ihrer Umgebung. Es ist unmöglich für jemand, mit dem Helen sich unterhält, heiter oder traurig zu sein und ihr diesen Zustand verhehlen zu wollen.

Sie bemerkt den leichtesten Nachdruck, der in der Unterhaltung auf ein Wort gelegt wird, und weiß jede Veränderung sowie das wechselvolle Spiel der Handmuskeln zu deuten. Sie reagiert auf den leisen Druck der Zuneigung, den kräftigen der Zustimmung, das Zucken der Ungeduld, die feste Bewegung beim Befehl und die vielen anderen Nuancen der unendlich reichen Sprache der Gefühle – und sie hat sich eine solche Übung im Verständnis dieser unbewußten Sprache der Gemütsregungen erworben, daß sie oft imstande ist, unsere innersten Gedanken zu erraten.

Als sie eines Tages mit ihrer Mutter und Mr. Anagnos spazierenging, warf ein Junge eine Knallerbse vor ihnen auf den Boden, worüber Mrs. Keller erschrak. Helen bemerkte sofort die Veränderung in den Bewegungen ihrer Mutter und fragte: «Wovor fürchten wir uns?» Als ich einmal im Park spazierenging, sah ich, wie ein Polizist einen Mann zur Wache brachte. Die Erregung, die ich empfand, brachte eine deutlich bemerkbare Veränderung bei mir hervor, denn Helen fragte aufgeregt: «Was sehen Sie?»

Einen schlagenden Beweis für das Vorhandensein dieses

auffallenden Einfühlungsvermögens lieferte eine ärztliche Untersuchung von Helens Ohren in Cincinnati. Es wurden verschiedene Versuche gemacht, um festzustellen, ob sie eine Schallempfindung habe oder nicht. Alle Anwesenden waren erstaunt, als sie nicht allein einen Pfiff, sondern auch den gewöhnlichen Klang der menschlichen Stimme zu vernehmen schien. Sie wandte den Kopf, lächelte und verhielt sich so, als ob sie gehört hätte, was gesprochen worden war. Ich stand neben ihr und hielt ihre Hand in der meinen. Da ich glaubte, sie habe Eindrücke durch mich erhalten, legte ich ihre Hände auf den Tisch und zog mich auf die entgegengesetzte Seite des Zimmers zurück. Die Ärzte nahmen ihre Versuche wieder auf, aber mit ganz abweichenden Resultaten. Helen blieb während der ganzen Dauer der Experimente völlig teilnahmslos und verriet nicht im mindesten, daß sie etwas von dem Gesprochenen verstand. Auf meinen Vorschlag faßte einer der Ärzte sie bei der Hand, und die Anzeichen des Verständnisses wiederholten sich. Diesmal veränderten sich ihre Züge, sooft sie angeredet wurde, aber es trat kein so sichtbares Aufleuchten ihres Gesichts ein wie vorher, als ich ihre Hand hielt.

... Helen empfand große Anteilnahme für ein Pferd, das infolge eines Unfalls ein Bein schwer verletzt hatte, und ging täglich mit mir hin, um es zu besuchen. Der verwundete Lauf wurde bald so schlimm, daß das Pferd an einem Balken aufgehängt werden mußte. Das Tier stöhnte vor Schmerz, und Helen, die sein Stöhnen vernahm, wurde von Mitleid erfüllt. Zuletzt wurde es nötig, das Pferd zu töten, und als sie es das nächstemal besuchen wollte, sagte ich ihr, es sei tot. Das war das erstemal, daß sie das Wort hörte. Ich setzte ihr dann auseinander, daß es erschossen worden sei, um es von seinen Schmerzen zu erlösen, und daß man es begraben – in die Erde gelegt habe. Ich glaube, daß die Vorstellung, es sei absichtlich erschossen worden, keinen tiefen Eindruck auf sie machte, aber ich glaube, sie begriff die Tatsache, daß das Leben in dem Pferd erloschen war, wie bei den toten Vögeln und anderen kleinen Tieren, von denen sie schon vor meiner Ankunft in Tuscumbia das eine oder andere in der Hand gehabt hatte, und ebenso, daß das Pferd begraben worden war. Seit diesem Vorfall habe ich das Wort «tot» gebraucht, wenn sich die Gelegenheit bot, ohne mich auf weitere Erläuterungen einzulassen.

Während wir nun in Brewster in Massachusetts einen Besuch machten, begleitete Helen eines Tages meine Freundin und mich auf den Friedhof. Sie untersuchte einen Grabstein nach dem anderen und schien sich zu freuen, wenn sie einen Namen entziffern konnte. Sie roch an den Blumen, zeigte aber kein Verlangen, sie zu pflücken, und als ich ihr einige pflückte, wollte sie sie sich nicht anstecken lassen. Ihre Aufmerksamkeit wurde von einer Marmorplatte, auf der der Name Florence in erhabenen Buchstaben gemeißelt war, gefesselt, und sie kauerte sich auf den Boden nieder, als suche sie etwas, wandte sich dann mit ganz verstörtem Gesicht zu mir und fragte: «Wo ist die arme kleine Florence?» Dann setzte sie hinzu: «Ich denke, sie ist sehr tot. Wer legte sie in großes Loch?» Als sie mit diesen traurig gestimmten Fragen fortfuhr, verließen wir den Friedhof. Florence war die Tochter meiner Freundin, die als junge Frau gestorben war; ich hatte aber Helen nichts von ihr erzählt; ja sie wußte nicht einmal, daß meine Freundin eine Tochter gehabt hatte. Helen hatte ein Bett und einen Wagen für ihre Puppen geschenkt bekommen, die sie benutzte wie alle anderen Geschenke. Als wir vom Friedhof nach Hause kamen, lief sie in das Zimmer, wo sie aufbewahrt wurden, und brachte sie meiner Freundin mit den Worten: «Sie gehören der armen kleinen Florence.» Dies traf zu, obgleich wir nicht begriffen, wie sie das hatte erraten können. In einem Brief, den sie im Lauf der nächsten Woche an ihre Mutter schrieb, schilderte sie ihre Eindrücke mit eigenen Worten:

«Ich lege meine kleinen Kinder in Florences kleines Bett und fahre sie in ihrem Wagen herum. Die arme kleine Florence ist tot. Sie war sehr krank und starb. Mrs. H. weinte laut um ihr liebes, kleines Kind. Sie kam in die Erde, und sie ist sehr schmutzig, und sie ist kalt (She got in the ground, and she is very dirty, and she is cold). Florence war sehr hübsch wie Sadie, und Mrs. H. küßte und liebkoste sie oft. Florence ist sehr traurig in dem großen Loch (Florence is very sad in big hole). Doktor gab ihr Medizin, um sie gesund zu machen, aber die arme Florence wurde nicht gesund. Als sie sehr krank war, hustete und stöhnte sie im Bett. Mrs. H. wird sie bald besuchen.»

Trotz der großen Regsamkeit ihres Geistes ist Helen ein ganz natürliches Kind. Sie liebt Scherz und Spiel und überhäuft andere Kinder mit Zärtlichkeiten. Sie ist niemals heftig oder reizbar mit ihnen, und ich habe sie nie ungeduldig gesehen, wenn ihre Spielgefährten sie nicht verstanden. Sie kann stundenlang mit Kindern spielen, die nicht ein einziges Wort von dem verstehen, was sie ihnen in die Hand buchstabiert, und es ist rührend, ihre lebhaften Bewegungen und ihre leidenschaftlichen Gesten zu beobachten, mit denen sie ihre Gedanken und Empfindungen auszudrücken versucht. Gelegentlich versucht ein kleiner Junge oder ein kleines Mädchen das Fingeralphabet zu erlernen. Dann ist es besonders anrührend, zu sehen, mit welcher Geduld, Ausdauer und Sanftmut Helen sich bemüht, die ungelenken Finger ihrer kleinen Freunde in die richtige Stellung zu bringen . . .

Für Kinder, die jünger sind als sie selbst, hegt sie große Zuneigung, und ein Säugling ruft stets alle mütterlichen Instinkte ihrer Natur wach. Sie behandelt ein Baby so zärtlich, wie es die sorgsamste Pflegerin nicht besser tun könnte, und gibt allen seinen Launen nach.

Obgleich sie im allgemeinen einen sehr geselligen Charakter hat, kann sie sich auch, wenn sie allein ist, stundenlang mit Stricken oder Nähen die Zeit vertreiben.

Sie liest viel. Sie beugt sich mit gespanntem Blick über ihr Buch, und während der Zeigefinger ihrer linken Hand über die Zeilen gleitet, buchstabiert sie die Wörter mit der anderen Hand; oft sind ihre Bewegungen so rasch, daß sie selbst für jene unverständlich sind, die daran gewöhnt sind, den schnellen Bewegungen ihrer Finger zu folgen.

Jede auch noch so leise Gefühlsregung findet in ihrem lebhaften Mienenspiel Ausdruck. Ihr Verhalten ist natürlich und ungezwungen; ihre Offenheit und augenfällige Aufrichtigkeit bezaubern. Sie ist selbstlos und liebevoll und kann sich nicht vorstellen, daß man anders als gutherzig und zärtlich sein könnte. Sie sieht keinen Grund, sich vor irgend etwas zu fürchten, daher sind ihre Bewegungen frei und anmutig.

Zu allen Lebewesen zu Hause hegt sie große Zuneigung und will nicht, daß sie unfreundlich behandelt werden. Wenn sie im Wagen ausfährt, erlaubt sie dem Kutscher nicht, die Peitsche zu gebrauchen, denn, sagt sie, «poor horses will cry» (arme Pferde werden weinen). Eines Morgens war sie sehr betrübt, als sie entdeckte, daß einem der Hunde ein großes Holzscheit ans Halsband gebunden worden war. Wir erklärten ihr, das sei geschehen, damit

Pearl nicht fortlaufe. Helen bedauerte das sehr und suchte im Laufe des Tages bei jeder Gelegenheit Pearl auf, um ihm die Last tragen zu helfen.

Sie macht immer größere Fortschritte im Sprechen, je umfassender ihre Kenntnisse werden. Je mehr sie von der sie umgebenden Welt kennenlernt, desto zutreffender wird ihr Urteil, desto eindringlicher, lebhafter und schärfer ihr Verstand und desto fließender und logischer die Sprache, in der sie ihre regen Gedanken ausdrückt.

Wenn wir reisen, so sitze ich neben ihr im Wagen und beschreibe ihr, was ich vom Fenster aus sehe – Hügel, Täler und Flüsse, Baumwollplantagen und Gärten, in denen Erdbeeren, Pfirsiche, Birnen, Melonen und Gemüse wachsen, Herden von Kühen und Pferden, die auf den Wiesen weiden, Schafe an den Berghängen, Städte mit Kirchen und Schulen, Gasthöfen und Läden und die Beschäftigungen der Einwohner.

Als sie das Fingeralphabet zu lernen begann, neigte sie natürlich dazu, von einem Satz nur die wichtigsten Wörter zu gebrauchen. Sie sagte z. B.: «Helen milk.» Ich nahm die Milch, um ihr zu zeigen, daß sie das richtige Wort gebraucht hatte, gab ihr aber nicht eher zu trinken, bis sie mit meiner Hilfe einen vollständigen Satz gebildet hatte. Ich ermunterte sie auch zum Gebrauch verschiedener Ausdrucksformen für denselben Gedanken. Sie begriff sehr bald, daß derselbe Gedanke auf sehr verschiedene Weise ausgedrückt werden kann.

Ich werde oft gefragt: Wie machten Sie Ihrer Schülerin die Bedeutung von Wörtern klar, die intellektuelle und moralische Eigenschaften bezeichnen? Ich glaube, es geschah mehr auf dem Weg der Assoziation und Wiederholung als durch eine Erklärung meinerseits, vor allem bei den ersten

Lektionen, als ihre Sprachkenntnis noch so gering war, daß eine Erklärung unmöglich war.

Ich habe es stets so gehalten, daß ich Wörter, die Gefühle, intellektuelle oder moralische Eigenschaften und Handlungen bezeichnen, in Verbindung mit dem Umstand gebrauchte, der diese Bezeichnung verdiente. Bald nach meiner Ankunft zerbrach Helen ihre neue Puppe, die sie sehr liebte. Sie begann zu weinen. Ich sagte ihr: «Teacher is sorry.» (Lehrerin tut es leid.) Nach einigen Wiederholungen verband sie das Wort mit dem Gefühl.

Auf dieselbe Weise lernte sie das Wort «glücklich», ebenso «richtig, falsch, gut, schlecht» und andere Adjektive. Das Wort «Liebe» lernte sie wie andere Kinder – durch die Verbindung mit Liebkosungen.

Eines Tages legte ich Helen eine einfache Frage vor, auf die sie zerstreut antwortete. Ich schalt sie, und sie stand still, während der Ausdruck ihres Gesichts deutlich verriet, daß sie nachzudenken versuchte. Ich berührte ihre Stirn und buchstabierte t-h-i-n-k (denken). Das Wort, in dieser Weise mit der Handlung verbunden, schien sich ihrem Geist genauso einzuprägen, wie wenn ich ihre Hand auf einen Gegenstand gelegt und dann seinen Namen buchstabiert hätte.

Sie will stets die Namen der Leute wissen, die wir in der Straßenbahn oder sonstwo treffen, und erfahren, wohin sie gehen und was sie tun. Unterhaltungen wie die folgende sind nicht selten:

Helen: Wie heißt der kleine Junge?

Lehrerin: Ich weiß es nicht, es ist ein kleiner Junge, den ich nicht kenne; aber vielleicht heißt er Jack.

Helen: Wo geht er hin?

Lehrerin: Möglicherweise geht er in den Park, um mit anderen Jungen zu spielen.

Helen: Was wird er spielen?

Lehrerin: Ich vermute, er wird Ball spielen.

Helen: Was tun die Jungen jetzt?

Lehrerin: Vielleicht warten sie auf Jack.

Nachdem ihr diese Worte vertraut geworden sind, wendet sie sie in ihren schriftlichen Arbeiten an, wie das folgende Beispiel zeigt:

26. September 1888

Heute früh saßen Lehrerin und ich am Fenster, und wir sahen einen kleinen Jungen auf dem Gehsteig. Es regnete sehr stark, und er hatte einen großen Schirm zum Schutz gegen die Regentropfen.

Ich weiß nicht, wie alt er war, glaube aber, er ist möglicherweise sechs Jahre alt gewesen. Vielleicht hieß er Joe. Ich weiß nicht, wohin er ging, weil ich ihn nicht kenne. Aber vielleicht schickte ihn seine Mutter in einen Laden, um etwas für das Mittagessen einzukaufen. Er hatte eine Tasche in der Hand. Ich vermute, er brachte sie seiner Mutter.

Anne Sullivans Darstellung von Helens Entwicklung im Jahresbericht 1891 des Perkins-Instituts:

... Im Verlauf der letzten drei Jahre hat Helen immer größere Fortschritte in der Aneignung der Sprache gemacht. Sie hat normalen Kindern eines voraus, nämlich, daß keine äußere Störung sie von ihren Übungen ablenkt.

Aber dieser Vorteil schließt auch einen Nachteil ein: die Gefahr übermäßiger geistiger Anstrengung. Ihr Geist gerät in fieberhafte Unruhe, sobald sie sich bewußt wird, daß es etwas gibt, das sie nicht versteht. Ich kann mich nicht erinnern, daß sie je eine Arbeit liegengelassen hat, wenn sie etwas nicht verstand. Wenn ich ihr riet, eine Rechenaufgabe bis zum nächsten Tag seinzulassen, antwortete sie: «Ich glaube, es würde meinen Geist stärken, wenn ich sie jetzt löste.»

Eines Abends wurde in der Familie über Tariffragen geredet. Helen wollte, daß ich ihr erklärte, worum es ging. Ich sagte: «Nein, das kannst du noch nicht verstehen.» Sie schwieg einen Augenblick; dann fragte sie erregt: «Woher wissen Sie denn, daß ich es nicht verstehen kann? Ich habe einen klaren Verstand. Wissen Sie, daß bei den Griechen Eltern sehr eifrig um ihre Kinder besorgt waren und ihnen Gelegenheit gaben, weise Reden zu hören? Ich glaube, die Kinder verstanden wenigstens einen Teil des Gesagten.» Seither sage ich nie mehr, sie könne etwas nicht verstehen, weil sie fast unfehlbar darüber in Aufregung gerät.

Vor nicht allzu langer Zeit versuchte ich ihr zu zeigen, wie sie aus ihren Baukastensteinen einen Turm errichten könne. Doch die leiseste Erschütterung brachte ihren Bau zum Einsturz. Nach einer Weile verlor ich die Geduld und sagte, ich fürchtete, sie würde nie einen Turm zustande bringen; ich wollte ihn für sie bauen, aber sie wollte nichts davon wissen. Sie war fest entschlossen, den Turm selbst zu bauen, und beinahe drei Stunden arbeitete sie unermüdlich weiter, sammelte geduldig die Steine, wenn sie zusammengefallen waren, und begann von neuem, bis sie den Turm schließlich vollendet hatte. Als ihr einmal eine Rechenaufgabe großes Kopfzerbrechen machte, schlug ich ihr vor, einen Spaziergang zu machen, dann würde sie ihr vielleicht leichter fallen. Sie schüttelte aber energisch den Kopf und sagte: «Meine Feinde würden glauben, ich liefe vor ihnen davon. Nein, ich muß ausharren und sie jetzt überwinden.» Und sie schaffte es.

Der intellektuelle Fortschritt, den Helen in den letzten beiden Jahren gemacht hat, zeigt sich in ihrer zunehmenden Sprachbeherrschung und ihrer Fähigkeit, feinere Nuancen in der Bedeutung der Wörter zu erkennen, deutlicher als in jedem anderen Unterrichtszweig.

Es vergeht nicht ein Tag, ohne daß sie eine Anzahl neuer Wörter lernt, und zwar nicht nur die Bezeichnungen konkreter Gegenstände, sondern auch abstrakte Begriffe. Einige dieser Wörter haben mehrere Bedeutungen, die, von einfacheren beginnend, allmählich zu abstrakteren emporsteigen. Es würde ein aussichtsloses Unternehmen gewesen sein, Helen die abstrakte Bedeutung des Wortes «mystery» klarzumachen, aber sie begriff leicht, daß es etwas Verborgenes oder Verstecktes bedeutete, und wenn sie erst größere Fortschritte gemacht hat, wird sie die komplizierteren Bedeutungen des Wortes ebenso leicht erfassen wie jetzt die einfachen.

Die Auswahl der Bücher, die Helen lesen sollte, habe ich nie mit Rücksicht auf die Behinderung meiner Schülerin getroffen. Sie liest Bücher, an deren Lektüre sich sehende und hörende Kinder ihres Alters erfreuen. Natürlich mußte der Inhalt anfangs leicht verständlich und fesselnd und die Sprache rein und schlicht sein. Sie ließ ihre Finger über die Zeilen gleiten, fand die Wörter heraus, die sie kannte, und erriet die Bedeutung der übrigen – alles in einer Weise, die auch den konservativsten Pädagogen zu der Überzeugung bringen wird, daß ein kleines gehörloses Kind, wenn ihm die Gelegenheit dazu geboten wird, ebenso leicht und auf ebenso natürliche Weise lesen lernt wie ein normales Kind.

Ich bin darum überzeugt, daß Helens Gewandtheit in

der englischen Sprache großenteils eine Folge ihrer fleißigen Lektüre ist. Sie liest oft zwei bis drei Stunden hintereinander und legt selbst dann das Buch nur widerstrebend zur Seite. Als wir eines Tages die Bibliothek verließen, erschien sie mir ernster als gewöhnlich, und ich erkundigte mich nach der Ursache. «Ich muß daran denken, wieviel klüger wir immer sind, wenn wir hier herauskommen, als wenn wir hineingehen», lautete die Antwort.

Auf die Frage, warum sie Bücher so sehr liebe, erwiderte sie: «Weil sie mir so viel Interessantes über Dinge erzählen, die ich nicht sehen kann, und weil sie nie müde oder schlechter Laune sind wie die Menschen. Sie erzählen mir alles und jedes, was ich wissen will.»

Als wir Dickens' «Child's History of England» lasen, kamen wir an den Satz: «Noch war der Mut der Briten nicht gebrochen.» Ich fragte, was dies ihrer Meinung nach bedeute. Sie antwortete: «Ich glaube, es bedeutet, daß die tapferen Briten nicht entmutigt waren, daß die Römer so viele Schlachten gewonnen hatten, und sie nur um so mehr zu vertreiben wünschten.» Es wäre ihr nicht möglich gewesen, die einzelnen Wörter dieses Satzes zu erklären, und doch faßte sie den Sinn der Stelle ganz richtig auf und war imstande, ihn mit ihren eigenen Worten wiederzugeben. Die nächsten Zeilen enthalten noch schwieriger zu verstehende Wendungen: «Als Suetonius das Land verließ, griffen sie seine Truppen an und eroberten die Insel Anglesea zurück.» Ihre Erläuterung dieses Satzes lautete folgendermaßen: «Es bedeutet, daß, als der römische General fortgegangen war, die Briten wieder zu kämpfen begannen, und weil die römischen Soldaten keinen General hatten, der ihnen hätte sagen können, was sie tun sollten, so wurden sie von den Briten besiegt und verloren die Insel, die sie erobert hatten.»

Sie zieht intellektuelle Beschäftigungen Handarbeiten vor und liebt Häkeln, Stricken und dergleichen nicht in dem Maß, wie viele andere blinde Kinder; aber sie will ihnen in nichts nachstehen. Sie hat die Schreibmaschine benutzen gelernt und schreibt sehr korrekt, wenn auch bis jetzt nicht allzu schnell, da sie erst die Übung von nicht ganz einem Monat hinter sich hat.

Vor über zwei Jahren lehrte ein Vetter sie das Morsealphabet, indem er die Punkte und Striche mit seinem Finger auf ihrem Handrücken vormachte. Sooft sie jemand trifft, der dieses System kennt, freut sie sich, es bei der Unterhaltung anwenden zu können. Ich habe entdeckt, daß es ein bequemes Verständigungsmittel zwischen uns ist, wenn sich Helen in einiger Entfernung von mir befindet; so kann ich mit ihr sprechen, indem ich mit meinem Fuß auf den Boden klopfe. Sie fühlt die Erschütterungen und entziffert die Klopfzeichen.

Im selben Grad, wie ihre Beobachtungen der Naturerscheinungen umfassender und ihr Wortschatz reicher und nuancierter wurde, so daß sie ihre eigenen Begriffe und Ideen klar ausdrücken und ebenso die Gedanken und Erfahrungen anderer verstehen konnte, erkannte sie auch die Beschränktheit menschlichen Schaffens und sah ein, daß eine andere Macht, eine höhere als die menschliche, die Erde, die Sonne und die tausend Naturdinge, mit denen sie vertraut war, geschaffen haben muß.

Schließlich fragte sie eines Tages nach einem Namen für diese Macht, deren Vorhandensein sie intuitiv erkannt hatte.

Durch Charles Kingsleys «Greek Heroes» war sie mit den Sagen über die griechischen Götter und Göttinnen bekannt geworden; die Wörter Gott, Himmel, Seele und ähnliche Begriffe mußten ihr schon in ihren Büchern begegnet sein. Sie hatte nie nach der Bedeutung solcher Wörter gefragt, auch nie eine Bemerkung gemacht, wenn sie vorkamen, und bis zum Februar 1889 hatte niemand zu ihr von Gott gesprochen. Zu jener Zeit versuchte eine Verwandte, eine eifrige Christin, Helen von Gott zu erzählen; da sie aber nicht Worte gebrauchte, die der kindlichen Auffassungsgabe angemessen waren, machten diese Religionsstunden wenig Eindruck auf Helen. Als ich später mit ihr sprach, sagte sie: «Ich muß Ihnen etwas sehr Lustiges erzählen. A. sagt, Gott hat mich und jedermann aus Erde gemacht, das muß aber ein Scherz sein, ich bestehe doch aus Fleisch, Blut und Knochen, nicht wahr?», und dabei befühlte sie mit offensichtlicher Genugtuung ihren Arm und lachte herzlich. Nach einem Weilchen fuhr sie fort: «A. sagt, Gott sei überall, und er sei die Liebe; aber ich kann mir niemand denken, der aus Liebe besteht. Liebe ist nur etwas in unserem Herzen. Dann sagte A. noch etwas sehr Komisches. Sie sagte, er (nämlich Gott) sei mein Vater. Ich mußte darüber sehr lachen, denn ich weiß, mein Vater heißt Arthur Keller.»

In einem ihrer Bücher war sie auf den Ausdruck «Mutter Natur» gestoßen, und lange Zeit pflegte sie alles, was nach ihrem Dafürhalten menschliche Kraft überstieg, der Mutter Natur zuzuschreiben. Wenn sie vom Wachstum einer Pflanze sprach, sagte sie: «Mutter Natur sendet den Sonnenschein und den Regen, damit die Bäume und das Gras und die Blumen wachsen können.»

Eines Abends schien Helen nach dem Abendessen besonders ernst zu sein, und Mrs. Keller fragte sie, woran sie denke. «Ich denke daran, wieviel die liebe Mutter Natur im Frühling zu tun hat», antwortete sie. Als sie gefragt wurde, warum, erwiderte sie: «Weil sie für so viele Kinder zu sorgen hat. Sie ist die Mutter aller Dinge, der Blumen, Bäume und Winde.»

«In welcher Weise sorgt denn Mutter Natur für die Blumen?» fragte ich. «Sie sendet den Sonnenschein und den Regen, damit sie wachsen können», antwortete sie, und nach einem Moment fügte sie hinzu: «Ich denke, der Sonnenschein ist das warme Lächeln von Mutter Natur, und die Regentropfen sind ihre Tränen.»

Später sagte sie: «Ich weiß nicht, ob Mutter Natur mich erschaffen hat. Ich glaube, meine Mutter bekam mich vom Himmel, aber ich weiß nicht, wo dieser Ort ist. Ich weiß, daß Gänseblümchen und Stiefmütterchen aus Samenkörnern kommen, die in die Erde gelegt worden sind; aber Kinder wachsen nicht aus der Erde, das weiß ich ganz bestimmt. Ich habe noch nie eine Kinderpflanze bemerkt. Aber ich kann mir nicht vorstellen, wer Mutter Natur geschaffen hat, können Sie es? Ich liebe den Frühling, weil die knospenden Bäume, die blühenden Blumen und das zarte grüne Laub mein Herz mit Freude erfüllen. Ich muß jetzt in meinen Garten gehen; die Gänseblümchen und die Stiefmütterchen werden glauben, ich habe sie vergessen.»

Seit dem Mai 1890 war es mir klar, daß ihre Entwicklung so weit vorgeschritten war, daß die religiösen Anschauungen der Personen ihrer Umgebung ihr nicht länger unbekannt bleiben konnten. Sie bestürmte sie förmlich mit Fragen, die ihre rege Intelligenz widerspiegelten.

Anfang Mai schrieb sie folgende Fragen in ihr Notizbuch: «Ich möchte über Dinge schreiben, die ich nicht verstehe. Wer schuf die Erde und die Meere und alles? Was macht die Sonne heiß? Wo war ich, ehe ich zu Mutter kam? Ich weiß, daß die Pflanzen aus Samenkörnern emporwachsen, die in der Erde liegen, aber ich bin fest davon überzeugt, daß Menschen nicht auf diese Weise entstehen. Ich habe noch nie eine Kinderpflanze bemerkt. Kleine Vögel und Hühnchen kommen aus Eiern. Ich habe das beobachtet. Was war das Ei, ehe es ein Ei war? Warum fällt die Erde nicht, da sie so groß und schwer ist? Erzählen Sie mir etwas darüber, was Vater Natur tut? Bitte, sagen Sie Ihrer kleinen Schülerin viele Dinge, wenn Sie viel Zeit haben.»

Kann man, wenn man diese Fragen gelesen hat, daran zweifeln, daß das Kind, das imstande war, sie zu stellen, auch imstande war, wenigstens die einfachsten Antworten darauf zu verstehen?

Nachdem es ihr gelungen war, die Ideen, die langsam in ihrem Geist herangewachsen waren, in Worte zu fassen, schienen sie plötzlich all ihr Denken in Anspruch zu nehmen, und sie wollte durchaus alles erklärt haben. Als wir kurze Zeit, nachdem sie diese Fragen niedergeschrieben hatte, an einem großen Globus vorbeikamen, blieb sie vor ihm stehen und fragte: «Wer hat die wirkliche Welt geschaffen?» Ich antwortete: «Niemand weiß, wie die Erde, die Sonne und alle die Himmelskörper, die wir Sterne nennen, entstanden sind; aber ich will dir erzählen, wie kluge Männer versucht haben, ihre Entstehung zu erklären und die großen, geheimnisvollen Kräfte der Natur zu enthüllen.»

Sie wußte, daß die Griechen viele Götter hatten, denen sie verschiedene Kräfte beimaßen, weil sie glaubten, die Sonne, der Blitz und viele andere Naturkräfte seien unabhängige, übermenschliche Wesen. Aber nach vielem Nachdenken und Forschen, sagte ich, seien die Menschen zu der Überzeugung gelangt, daß alle diese Kräfte nur Offenbarungen einer einzigen Macht seien, und dieser Macht hätten sie den Namen Gott gegeben.

Ein paar Minuten war sie still und dachte offenbar angestrengt nach. Dann fragte sie. «Wer hat Gott geschaffen?»

Ich beantwortete diese Frage ausweichend, denn ich konnte ihr das Geheimnis eines durch sich selbst existierenden Wesens nicht erklären. In der Tat würden viele ihrer Fragen Klügere als mich in Verwirrung versetzt haben. Hier sind einige von ihnen: «Woraus machte Gott die neuen Welten? Woher nahm er die Erde, das Wasser, die Samenkörner und die ersten Tiere? Wo ist Gott? Haben Sie Gott gesehen?» Ich sagte ihr, Gott sei allgegenwärtig und sie dürfe sich ihn nicht als Person denken, sondern als das Leben, den Geist, die Seele aller Dinge. Sie unterbrach mich: «Nicht alle Dinge haben Leben. Die Felsen haben kein Leben und können nicht denken.» Man muß sie oft daran erinnern, daß es unendlich viele Dinge gibt, die die weisesten Leute auf der Welt nicht zu erklären vermögen.

Helen hat nie Unterricht über Dogmen oder Glaubensbekenntnisse erhalten, noch ist je ein Versuch gemacht worden, ihr einen Glauben aufzuzwingen. Da ich mir meiner eigenen Unfähigkeit voll bewußt war, ihr irgendwelche zulänglichen Erklärungen zu den Begriffen Gott, Seele, Unsterblichkeit zu geben, hielt ich es stets für meine Pflicht, so wenig wie möglich mit meiner Schülerin über religiöse Fragen zu sprechen.

Sie hat bis jetzt noch nicht in der Bibel lesen dürfen, weil ich nicht weiß, wie sie dies gegenwärtig tun kann, ohne einen ganz irrigen Begriff von den Eigenschaften Gottes zu bekommen. Ich habe ihr bereits in groben Zügen vom aufopfernden Leben Jesu und seinem qualvollen Tod erzählt. Die Erzählung rührte sie tief, als sie sie zum erstenmal hörte. Sie fragte: «Warum ging Jesus nicht fort, so daß ihn seine Feinde nicht finden konnten?» Die Wunder Jesu nahm sie sehr kritisch auf. Als ihr erzählt wurde, daß Jesus auf dem See wandelte, um seinen Jüngern entgegenzugehen, sagte sie sehr entschieden: «Es heißt nicht ‹wandelte›, sondern ‹schwamm›.» Daß Jesus Tote auferweckt habe, machte sie ganz stutzig, und sie meinte: «Das glaube ich nicht, daß ein Toter wieder lebendig werden kann.»

Eines Tages sagte sie traurig: «Ich bin blind und taub. Das ist der Grund, weshalb ich Gott nicht sehen kann.» Ich lehrte sie das Wort «unsichtbar» und erwiderte ihr: «Wir können Gott nicht mit unseren Augen sehen, weil er ein Geist ist, wenn aber unsere Herzen voll Güte und Sanftmut sind, dann sehen wir ihn, weil wir ihm dann ähnlich sind.»

Ein andermal fragte sie: «Was ist eine Seele?» – «Niemand weiß, was die Seele ist», entgegnete ich, «aber wir wissen, daß sie nicht der Körper ist und daß sie der Teil von uns ist, der denkt, liebt und hofft und der, wie die Christen glauben, weiterleben wird, wenn der Körper tot ist.» Dann fragte ich sie: «Kannst du dir deine Seele getrennt vom Körper denken?» – «O ja», antwortete sie, «ich dachte vor einer Stunde sehr lebhaft an Mr. Anagnos, da war mein Geist – meine Seele», verbesserte sie sich, «in Athen, aber mein Körper war hier im Schulzimmer.» In diesem Augenblick schien ihr ein anderer Gedanke durch den Kopf zu gehen, denn sie fügte hinzu: «Aber Mr. Anagnos sprach nicht zu meiner Seele.» Ich erklärte ihr, daß auch die Seele unsichtbar oder mit anderen Worten, ohne wahrnehmbare Gestalt sei. «Aber wenn ich niederschreibe, was meine Seele denkt», versetzte sie, «dann wird sie sichtbar, und die Worte sind dann ihr Körper.»

Längere Zeit darauf sagte Helen zu mir: «Ich möchte sechzehnhundert Jahre leben.» Auf die Frage, ob sie nicht für immer in einem schönen Land, Himmel genannt, leben wolle, erwiderte sie zunächst: «Wo liegt der Himmel?» Ich mußte gestehen, es nicht zu wissen, äußerte aber die Vermutung, es könnte einer von den Sternen sein. Darauf sagte sie: «Wollen Sie nicht zuerst hingehen und mir dann alles über ihn erzählen?» Es verging mehr als ein Jahr, ehe sie auf das Thema zurückkam, doch dann waren ihre Fragen zahlreich und dringend. Sie fragte: «Wo liegt der Himmel, und wie sieht er aus? Warum können wir über den Himmel nicht soviel wissen wie über fremde Länder?» Ich erklärte ihr mit einfachen Worten, es könne viele Orte mit dem Namen Himmel geben, aber der Hauptsache nach sei er ein Zustand – die Erfüllung des Sehnens des Herzens, die Befriedigung seiner Wünsche; der Himmel sei überall dort zu finden, wo das Gute anerkannt, getan und geliebt werde.

Vor dem Gedanken an den Tod schrak sie mit augenscheinlichem Schauder zurück. Als ihr vor kurzem ein erlegter Hirsch gezeigt wurde, war sie sehr traurig und fragte bekümmert: «Warum muß alles sterben, selbst der schnelle Hirsch?» Ein andermal fragte sie mich: «Glauben Sie nicht, daß wir alle viel glücklicher wären, wenn wir nicht sterben müßten?» – «Nein», entgegnete ich, «denn wenn es keinen Tod gäbe, so würde unsere Welt bald mit lebenden Geschöpfen so überfüllt sein, daß keines von ihnen mehr behaglich leben könnte.» – «Aber», erwiderte Helen, «meiner Meinung nach hätte Gott ebensogut mehrere Welten wie diese erschaffen können.»

Als ihr einige Freundinnen vom Jenseits erzählten und wie schön es dort sei, fragte sie sofort: «Woher wißt ihr das, wenn ihr doch nicht tot gewesen seid?»

Daß sie mitunter ganz gebräuchliche Redewendungen wörtlich nimmt, beweist, wie nötig es ist, sich zu vergewissern, daß sie diese in ihrer richtigen Bedeutung erfaßt. Als ihr vor kurzem erzählt wurde, die Ungarn seien geborene Musiker, fragte sie erstaunt: «Singen sie denn, wenn sie geboren werden?» – Als ihre Freundin hinzufügte, daß einige Schülerinnen, die sie in Budapest gesehen habe, mehr als hundert Melodien im Kopf hätten, antwortete sie lachend: «Dann wird es in ihrem Kopf wohl sehr geräuschvoll zugehen.» Sie besitzt einen scharfen Blick für das Lächerliche, und anstatt sich durch eine bildliche Ausdrucksweise in Verlegenheit bringen zu lassen, macht sie sich oft über ihre eigene wörtliche Auffassung lustig.

Nachdem sie wußte, daß die Seele gestaltlos ist, stutzte sie bei König Davids Worten: «Er führt meine Seele.» – «Hat sie Füße? Kann sie gehen? Ist sie blind?» fragte sie, denn für sie ist die Vorstellung des Geführtwerdens mit der des Blindseins verknüpft.

Von allem, was Helen in Unruhe und Verwirrung versetzt, stimmte sie nichts so traurig wie die Erkenntnis von dem Vorhandensein des Schlechten und von den Leiden, die daraus entspringen. Die Notwendigkeit von Gesetzen und Strafen mußte ihr erklärt werden. Es fiel ihr sehr schwer, das Übel in der Welt mit der Vorstellung von Gott zu vereinigen, die man ihr eingeprägt hatte.

1891 berichtete Anne Sullivan auch darüber, wie Helen Keller sprechen lernte.

... Ich wußte, daß Laura Bridgman dasselbe instinktive Verlangen wie Helen gezeigt hatte, Töne hervorzubringen, und sogar ein paar einfache Wörter auszusprechen gelernt hatte, was ihr großes Vergnügen machte; ich zweifelte nicht im geringsten, daß Helen mindestens soviel wie Laura

Bridgman erreichen könne. Ich glaubte jedoch, daß der Vorteil, der ihr daraus erwachsen würde, in keinem Verhältnis zu dem Aufwand an Zeit und Mühe stehen werde, den ein solches Experiment erforderte.

Außerdem macht der Mangel an Kontrolle durch das Gehör die Stimme eintönig und oft sehr unangenehm, eine solche Sprache ist in der Regel, außer für die näheren Bekannten des Sprechenden, unverständlich.

Die Erlernung der Sprache durch gehörlose Kinder, die noch keinen anderen Unterricht genossen haben, geht langsam und oft mühsam vonstatten. Es wird, wie mir scheint, häufig zuviel Wert auf die Lautsprache gelegt – ein Umstand, der für die geistige Entwicklung des Gehörlosen von Nachteil sein kann. In der Tat genügt die Lautsprache allein nicht; der gleichzeitige Gebrauch des Fingeralphabets fördert und kräftigt die geistige Regsamkeit, da das Kind eine Beziehung zu seiner Muttersprache erhält und durch das Fingeralphabet auch schwierige und abstrakte Gedanken leicht und vollständig vermittelt werden können. Helens Beispiel beweist, daß es auch für die Aneignung der Lautsprache selbst höchst nützlich ist. Sie war mit den Wörtern und der Konstruktion der Sätze schon vollständig vertraut und hatte nur noch mechanische Schwierigkeiten zu überwinden. Außerdem wußte sie, daß Sprache für sie ein Stück Freiheit bedeuten würde, und diese genaue Kenntnis des Ziels bereitete ihr eine Vorfreude, die alle Anstrengung erleichterte. Das analphabetische gehörlose Kind, das zum Artikulieren angehalten wird, kennt sein Ziel nicht, und die Unterweisung im Sprechen erscheint ihm lange Zeit als eine Last und bedeutungslos.

Ehe ich die Art und Weise schildere, in der Helen sprechen lernte, muß ich kurz erwähnen, in welchem Maß sie ihre Stimmorgane gebraucht hatte, ehe sie regelmäßigen Unterricht im Artikulieren erhielt. Als sie im Alter von neunzehn Monaten von der Krankheit befallen wurde, die den Verlust des Augenlichts und des Gehörs verursachte, begann sie gerade sprechen zu lernen. Das bedeutungslose Stammeln des kleinen Kindes wurde von Tag zu Tag mehr zu bewußten Signalen für das, was es fühlte und dachte. Aber die Krankheit hemmte die Aneignung der Lautsprache, und als sie wieder gesund wurde, konnte sie nicht mehr verständlich sprechen, weil sie nicht mehr hörte. Sie fuhr fort, ihre Stimmorgane mechanisch zu gebrauchen, wie es Kinder in der Regel tun. Ihr Weinen und Lachen sowie der Klang ihrer Stimme, wenn sie einzelne Wortelemente aussprach, waren vollkommen natürlich, aber sie verband offenbar keinen Sinn mit ihnen, und mit einer einzigen Ausnahme brachte sie sie nicht in der Absicht hervor, sich mit ihrer Umgebung zu verständigen, sondern aus dem bloßen Bedürfnis, ein angeborenes Ausdrucksvermögen zu üben. Mit dem Wort «water», das eines der ersten war, das ihre Lippen bilden lernten, verband Helen jedoch stets einen Sinn, das war das einzige Wort, das sie auch nach dem Verlust ihres Gehörs zu gebrauchen fortfuhr. Ihre Aussprache des Wortes wurde jedoch allmählich undeutlich, und als ich sie kennenlernte, war nur noch ein eigentümliches Geräusch davon übrig. Nichtsdestoweniger war es das einzige Zeichen, das sie stets für «Wasser» gebrauchte, und sie vergaß das gesprochene Symbol nicht eher, als bis sie das Wort mit ihren Fingern buchstabieren gelernt hatte. Das Wort «water» und die Gebärde, die dem Ausdruck «Leb wohl» entspricht, schienen alles zu sein, was das Kind von den natürlichen und erworbenen Zeichen behalten hatte, die es vor seiner Krankheit kennenlernte.

Als Helen durch den Gefühlssinn (ich gebrauche das Wort in dem umfassendsten Sinn, so daß es alle Tasteindrücke einschließt) mit ihrer Umgebung vertraut wurde, empfand sie immer dringender das Bedürfnis, sich mit ihr zu verständigen. Ihre Händchen befühlten jeden Gegenstand und beobachteten jede Bewegung der Personen, mit denen sie zusammenkam, und sie ahmte diese Bewegungen rasch nach.

Als ich in Tuscumbia eintraf, hatte sie sich über sechzig Zeichen zurechtgemacht, die alle nachahmender Natur waren und von allen, die sie kannten, leicht verstanden wurden. Sooft sie etwas sehr dringend verlangte, gestikulierte sie auf höchst ausdrucksvolle Art. Gelang es ihr nicht, sich verständlich zu machen, so wurde sie wütend.

Wenn sie unbeschäftigt war, irrte sie ruhelos durch das ganze Haus und stieß dabei sonderbare, aber selten unangenehme Töne aus. Ich habe sie ihre Puppen wiegen sehen, wobei sie ein monotones Summen hervorbrachte, während sie mit den Fingern der anderen Hand die Bewegungen ihrer Lippen verfolgte. Dies war eine Nachahmung des Wiegengesangs ihrer Mutter. Gelegentlich brach sie in fröhliches Lachen aus, dann streckte sie die Hand aus und legte sie irgend jemand, der sich in ihrer Nähe befand, auf den Mund, um sich zu vergewissern, ob er ebenfalls lachte. Konnte sie kein Lächeln entdecken, so gestikulierte sie erregt und versuchte, ihre Gedanken zum Ausdruck zu bringen; gelang es ihr nicht, den anderen zum Lachen zu bringen, saß sie einige Zeit mit verwirrtem und enttäuschtem Gesichtsausdruck still da. Die einzigen Wörter, die sie vor dem März 1890 mit einiger Deutlichkeit auszusprechen gelernt hatte, waren papa, mamma, baby, sister. Diese Wörter hatte sie ohne besondere Unterweisung von den Lippen abgelesen. Sie enthalten drei vokalische und sechs konsonantische Elemente; diese bildeten die Grundlage für ihren ersten wirklichen Unterricht im Sprechen.

Am Ende der ersten Lektion war sie imstande, folgende Laute deutlich auszusprechen*: a, ä, â, é, i, ô, c (weich wie s und hart wie k), g (hart), b, l, n, m, t, p, s, u, k, f und d. Die Aussprache mehrerer miteinander verbundener harter Konsonanten in demselben Wort fällt ihr jetzt noch schwer; oft unterdrückt sie den einen und verändert den anderen, und manchmal ersetzt sie beide durch einen ähnlichen Laut mit einer sanften Aspiration. Anfangs machte sich die Verwechslung von l und r bei ihrem Sprechen recht bemerkbar. Wiederholt wollte sie den einen Laut für den anderen gebrauchen. Die große Schwierigkeit in der Aussprache des r machte diesen Laut zu einem der letzten, die sie meisterte. Auch ch, sh und g verursachten ihr viel Mühe, und sie spricht sie jetzt noch nicht deutlich aus.

Als sie noch nicht eine volle Woche gesprochen hatte, traf sie eines Tages einen ihrer Freunde, Mr. Rodocanachi; sie begann sofort, sich mit der Aussprache seines Namens abzumühen, und ließ nicht eher nach, bis sie das Wort deutlich artikulieren konnte. Ihr Interesse erlahmte keinen Augenblick, und in ihrem Eifer, die Schwierigkeiten zu überwinden, die sich ihr von allen Seiten in den Weg stellten, strengte sie ihre Kräfte bis zum äußersten an und lernte in elf Lektionen sämtliche einzelnen Elemente der Sprache.

Für Helen Keller selbst hatte das Sprechenkönnen eine ungeheure Bedeutung. Am 8. Juli 1896, bei der fünften

* Die Buchstaben bedeuten englische Laute.

Versammlung der «Amerikanischen Vereinigung zur Förderung der Ausbildung von Gehörlosen im Sprechen» in Mt. Airy bei Philadelphia, sagte sie in einer Ansprache:

Wüßten Sie, welche Freude mich erfüllt, daß ich imstande bin, heute zu Ihnen zu sprechen, so würden Sie, glaube ich, einen Begriff von dem Wert der Sprache für die Gehörlosen erhalten und verstehen, weshalb ich möchte, daß jedes gehörlose Kind auf dieser Welt die Chance bekommt, sprechen zu lernen. Ich weiß, daß über dieses Thema viel gesprochen und geschrieben worden ist und daß es in bezug auf den mündlichen Unterricht große Meinungsverschiedenheiten unter den Gehörlosenlehrern gibt. Mir persönlich ist es unbegreiflich, wie es überhaupt zu diesen Meinungsverschiedenheiten kommen kann; ich verstehe nicht, wie jemand, der sich für unsere Ausbildung einsetzt, nicht die Genugtuung nachfühlen kann, die entsteht, wenn man die eigenen Gedanken in lebendigen Worten auszudrücken vermag. Ich für meine Person wenigstens spreche beständig, und ich weiß nicht, wie ich Ihnen die Lust schildern soll, die es mir gewährt. Natürlich weiß ich, daß es selbst für Freunde nicht immer leicht ist, mich zu verstehen, aber auch das wird sich nach und nach ändern; inzwischen macht es mich glücklich zu wissen, daß meine Angehörigen und Freunde sich über meine Fähigkeit, zu sprechen, freuen.

Ich kann mich noch an die Zeit erinnern, bevor ich sprechen lernte, und wie ich mich bemühte, meine Gedanken mit Hilfe des Fingeralphabets auszudrücken – wie meine Gedanken fortwährend gegen meine Fingerspitzen schlugen wie kleine Vögel, die nach Freiheit streben, bis eines

Tages Miss Fuller ihnen die Kerkertür öffnete und sie entfliehen ließ. Natürlich fiel ihnen das Fliegen anfangs ziemlich schwer. Die Sprachschwingen waren schwach und gebrochen; es war in der Tat nichts übriggeblieben als der Trieb zu fliegen; aber das war immerhin schon etwas. Wer den Trieb zum Schweben in sich fühlt, kann nie mehr mit Kriechen zufrieden sein. Trotzdem kam es mir bisweilen vor, als würde ich meine Sprachschwingen nie mehr gebrauchen können; es stellten sich mir so viele Hindernisse in den Weg, ich mußte so viele Enttäuschungen hinnehmen; aber ich gab nicht auf, ich wußte, Geduld und Ausdauer würden am Ende zum Erfolg führen. Während ich unausgesetzt an mir arbeitete, baute ich die schönsten Luftschlösser und gab mich Träumen hin, deren schönster war, daß einst eine Zeit kommen würde, da ich so sprechen würde wie andere Menschen. Der Gedanke an die Freude meiner Mutter, wenn sie noch einmal meine Stimme hören könnte, versüßte mir jede Mühe und machte jeden Fehlschlag zu einem Ansporn. Daher möchte ich denen, die sprechen lernen, und ebenso denen, die diese sprechen lehren, sagen: Verliert nicht den Mut! Denkt nicht an die Fehlschläge von heute, sondern an den Erfolg, der morgen kommen wird. Ihr habt euch eine schwierige Aufgabe gestellt, aber ihr werdet euer Ziel erreichen, wenn ihr Ausdauer besitzt, und ihr werdet Freude am Überwinden von Schwierigkeiten, Genuß am Begehen rauher Pfade finden – eine Genugtuung, die euch vielleicht nie zuteil würde, wenn ihr nicht ab und zu rückwärtsglittet, wenn die Straße eben und glatt wäre. Denn keine Anstrengung, die wir machen, um ein herrliches Ziel zu erreichen, geht je verloren. Einmal, irgendwo, irgendwie werden wir finden, was wir suchen. Ja, wir werden sprechen und singen, wie wir nach Gottes Ratschluß sprechen und singen sollen.